SNSで学ぶ推し活はかどる中国語

はちこ

朝日出版社

はじめに

　初めて読んだ日本語で書かれた小説は『電車男』だ。日本語を勉強して2年過ぎた大学2年生の頃だった。中国語に吹き替えられたテレビドラマ版を見ていたものの、難解なネット用語が多く登場する作品で理解にとても苦労した。おそらくろくに理解できていなかったと思うが、とりあえず読み進めようと努力し、2chの住民が「○○鴨」と書き込む場面を読んだ時は、「あ！"かも"をかけてるんだ！」と驚いた。パズルが解けたかのようなその興奮は10年以上経った今でも鮮明に覚えている。

　私にとっては、中国語でも日本語でも、ネット用語は面白いパズルのようだ。このようなパズルには決まった法則は無いものの、知っている言葉が多いほど解きやすくなる。本書を読む際にも、知っている言葉を手がかりに、知らない言葉や表現の意味をパズル感覚で次々と読み取っていただきたい。

　本書では、SNSと切っても切り離せない「推し活」をテーマに、カテゴリ別に言葉を整理し、実際にネットで使われている、生きた中国語をできるだけ網羅することを重視した。比較的新しく、一般に定着している語彙をメインにピックアップし、説明では派生表現もできるだけ紹介し、言葉の背景にまで触れるようにした。当然、一冊の中で思いあたるすべてを皆さんにお

伝えするのは無理で、取り上げるべきだと感じる言葉はまだ他にもたくさんあったが、紙幅の限りがあるため泣く泣く削ったものも多い。本書は完璧ではないと思いつつも、今現在推し活で使われる中国語においては最もバランスが取れた一冊ではないかと考えている。

　好きなものへの熱量が込められたオタクの言葉をたくさん取り上げたために、外国語を読み解く難しさは一層あると思うが、パズルが解けた時の喜びも大きいものだと信じている。癖のある表現も多く、覚えるのも大変だと思うが、まずは基本である第一章の「中華推し活の基礎知識」から押さえていけば大丈夫だ。第二章からは、「布教」や交流時に使うフレーズ、SNS用語や「公式」がよく使う用語、ジャンル別の単語……等の応用編なので、少しずつ中国SNSを触りながら覚えていこう。特に第四章は、遊び心満載の言い回しが多く、いきなりは難しいと思うので無理に覚える必要は無い。

　通常の語学学習とは異なる、「好き」という入口から中国語を学ぶことはきっと楽しいものだし、何よりもはかどると思っている。少なくとも、私が日本語を勉強している時はそうであった。道のりは長いと思うが、皆さんと共に頑張っていきたい。

本書の使い方

1. **項目ジャンル** … 単語やフレーズをジャンルごとに大まかに分類しています。

2. **音声番号** … この番号をアプリ（p.4を参照）上でクリックすると、項目ジャンルごとに音声が再生されます。SNS上で使われる中国語は発音される機会が少ないですが、本書ではネイティブによる中国語発音を収録しています。

3. **見出し語（日・中）** … 見出し語の日本語と中国語はできる限り対応関係になるようにしていますが、直訳よりもSNSやファン文化で使われている意味が近い慣用句を意訳的に採用している場合もあります。見出し語（中）には発音をピンインで表記しています。

4. **通し番号** … 単語やフレーズの固有番号です。

5. **説明文** … 言葉の由来や背景、類義語や派生表現を解説しています。

6. **例文** … 実際にネイティブが使う見出し語の例文を掲載しています。

7. **カルチャー深掘り** … 見出し語に関連した中華オタクや中国カルチャーへの理解が深まるトピックを取り上げ、紹介しています。

音声データについて

以下のいずれかの方法によって、本書に掲載されたすべての
中国語単語・フレーズの発音をお聞きいただけます。
該当ページの冒頭に記載された音声番号をご覧ください。

アプリで音声を聞く場合

1 音声再生アプリ「Listening
Trainer（リストレ）」を右の
QRコードからダウンロー
ドください。

App Storeは　　Google Playは
こちら　　　　　こちら

2 ダウンロード後、アプリを開き「コンテンツを追加」をタップしてく
ださい。

3 アプリ画面の「コンテンツを追加」の上部に **01325** を入力し、
「Done」をタップして本書の音声データを読み込んでください。

ストリーミングで音声を聞く場合

下記URLまたはQRコードにアクセスし、音声を再生してください。

https://www.asahipress.com/streaming/player/oshikatsuchina

● QRコードは（株）デンソーウェーブの登録商標です。
● アプリ・音声ダウンロードは無料ですが、音声をお聞きいただく際の通信費はお客様のご負担となります。
● ネット環境やご利用の端末により、ご利用いただけない場合があります。

....

● 本書ではSNS上に頻出する中国語を収録していますが、読み方が正式に定まっていない単語も多いため、発音はあくまでも参考程度
に留めてください。一部の当て字、表音文字については、音声では元の単語の読み方を採用しています。
● 本書のピンイン表記は原則、中華人民共和国教育部が発布する《汉语拼音正词法基本规则（Basic rules of the Chinese phonetic
alphabet orthography）》を参照していますが、その限りではない新語もあります。
● 本書で解説されている中国語の説明は『现代汉语词典（第7版）』（中国社会科学院语言研究所词典编辑室编、2016年）、日本語の意
味は『日中辞典（第3版）』（小学館、2016年）を参考にしています。
● 説明文に登場する作品・番組名（『』）、アプリ・サービス名（◇）、ゲーム名（《》）はそれぞれ記号で括って示しています。
● 本書の内容に関して、変更、補足、訂正、刷新が生じた場合は、随時著者Twitterアカウント（@hathiko8）にて発信いたします。

目 CONTENTS 次

第 一 章

中華推し活の
基礎知識

第 二 章

布教、コメント、交流…
場面に応じたフレーズ

第 三 章

SNS関連、
ジャンル別用語

第 四 章

独特で面白い
言い回し

中華推し活の
基礎知識

中華推し活をする上で必ず目にする基本単語と、
すぐに使えるフレーズをまとめました。
ひとまずこの章を押さえれば、推しへの溢れんばかりの想いを
中国語で表現できるようになります！

1-1

推し活基本単語

001

推し活／オタ活

推しを応援するための活動

追星 [zhuīxīng] wota活 [wotahuó]

追は「追う」、星は「スター」の意味。前に「疯狂 [fēngkuáng]（熱狂的に）」「理智 [lǐzhì]（極めて冷静に）」を付けて、活動の程度を表すことも多い。「追星」はジャンル問わず使えるが、日本のアイドルや二次元キャラを追う場合は、「wota活」も使うことができる。

例文

多粉几个就有多倍的快乐，我的生活里不能没有**追星**。
Duō fěn jǐ ge jiù yǒu duō bèi de kuàilè, wǒ de shēnghuó li bùnéng méiyǒu zhuīxīng.

推しが増えると楽しみが何倍にも増える、
推し活の無い生活は考えられない。

例文

下周我担生日打算整点wota活，带立牌出门拍个照吧。
Xiàzhōu wǒdān shēngrì dǎsuàn zhěng diǎn wotahuó, dài lìpái chūmén pāi ge zhào ba.

来週は推しの誕生日で盛大に**オタ活**したく、
アクスタとお出かけして写真でも撮ろうかな。

推し

その者の幸せと活躍のためなら、どんなこともいとわずに応援してしまう対象

宝(宝) [bǎo(bao)] 儿子 [érzi]
女儿 [nǚér] 崽崽 [zǎizǎi]

「推し」への呼称は実にいろいろあり、日本語由来の「我推［wǒtuī]」「我担［wǒdān]」はもちろんそのまま使用可能で、よりローカルっぽい表現に「宝宝」「儿子／女儿」「崽崽」がある。いずれも赤ちゃんや親密な人を表す距離感が近い呼び方で、推しを可愛がっているニュアンスがより伝わる。

例文

太suai了，手机里已经被崽崽的照片填满了。
Tài shuài le, shǒujī li yǐjīng bèi zǎizǎi de zhàopiàn tián mǎn le.

もうかっこよすぎて、スマホが推しの写真で埋まっちゃう。

カルチャー深掘り

ネットでの「推し」の呼び方の変遷

「推しの呼び方」には段階的な変化があったと個人的に感じる。10年前まではニックネームで呼ぶのが主流で、中国ファンから見た印象が反映されたり、中国語の言葉遊びが含まれたりする愛称がよく付けられた。例えば、BBCドラマ『SHERLOCK』でお馴染みの俳優ベネディクト・カンバーバッチは、中国ファンから特徴的な髪型（「巻」パーマ）と役名（「福」ホームズの頭文字）を組み合わせた「巻福」と呼ばれ、日本のタレントきゃりーぱみゅぱみゅも代表曲『PONPONPON』から「彭薇薇（ポンウェイウェイ）」と呼ばれる。その後、「哥哥」「弟弟」「宝宝」などの親密な呼称が流行り出した。背景には日韓アイドル文化の影響でアイドルがより身近な存在になったことがあると思われ、これら呼称はファンの推しに対する眼差しがよくわかる上、他人からは特定されにくく、匿名のSNSとの相性が非常に良い。近年はさらに進化し、ほぼすべてのアイドルとそのファンは愛称が与えられ、互いに呼び合っている。より親密な呼称を使う際も、推しの性別に関係なく自分が感じ取ったジェンダーの気質に基づいて呼ぶファンが増えている。加えて、名前のピンインから略語で呼ぶことも非常に増えていて、入力のしやすさという理由以外にも暗号っぽさが増し、真のファン同士でしか交流できない仕組みが作られている。

第一章

中華推し活の基礎知識

11

オタク

(御／阿)宅 [(yù/ā)zhái]　二次元 [èrcìyuán]

オタクを漢字で表した「御宅」から。「御宅族 [yùzháizú]」も定着している
がやや硬い表現。二次元コンテンツが好きな人を「二次元」と呼ぶことも。
オタクの概念が伝わった際に、漢字「宅」への先入観によって、メディア
がオタク＝ニート・引きこもりと紹介したため、現在中国語の「宅」には
「在宅」「家にいるのが好き」「インドア趣味」のニュアンスもある。

例文

只想天天宅在家里当个**二次元**肥宅。
Zhǐ xiǎng tiāntiān zhái zài jiā li dāng ge **èrcìyuán** féizhái.

家にこもって**オタク**ライフに専念したい。

成功したオタク

追星成功 [zhuīxīng chénggōng]

「推しに会えた、推し活が成功した」という意味。ネットでの使われ方を
見ると、推し活を通して「より良い自分になれた」ことが重要なポイント
のようだ。アイドルや有名人がこの言葉を使う場合は、元々憧れていた芸
能界の先輩などに会うことができたり、共演できたりすることを指す。

例文

头一次**追星成功**，终于拿到了to签！
Tóu yi cì **zhuīxīng chénggōng**, zhōngyú nádàole toqiān!

初めて**推し**に会えた、名前入りサインまでゲットしたぞ！

沼

ハマると抜け出せなくなる趣味ジャンルや推しのこと

坑 [kēng]

「坑」とは「地面にできた穴」のことで、ネット用語として使われる際には主に二つの意味がある。一つは「踩坑 [cǎi kēng](穴を踏む)」で「失敗する」や「騙される」。似たような意味のネット用語には「踩雷 [cǎiléi](地雷を踏む)」がある。もう一つはオタク的な使い方で、「落ちる」を意味する動詞「掉 [diào]」を付けて、「沼に落ちた」を表す。

例文 —

看完舞台的直拍后，掉**坑**掉得心甘情愿。
Kànwán wǔtái de zhípāi hòu, diào kēng diào de xīngān qíngyuàn.

ステージのファンカム映像に目を奪われ、喜んで沼に落ちた。

例文 —

踩了无数**坑**，终于找到了这款防晒霜。 #无限回购#
Cǎile wúshù kēng, zhōngyú zhǎodàole zhè kuǎn fángshàishuāng. #Wúxiàn huí gòu#

何度も**失敗**して、やっとお気に入りの日焼け止めが見つかった。
#リピートコスメ

沼入り、入沼

入坑 [rù kēng]

元々、アニメ・マンガ界隈のオタク用語で、「不本意ながらも穴に住み着いてしまう」状態を表す。「坑」は「なかなか完結しない作品」を指していたが、現在は「たくさんの時間とお金を要する趣味」を表すまでに意味が広がっている。例えば、お金がかかる漢服やロリータ服は一つの趣味ジャンルとしても「坑」と呼ばれている。

例文

本来对真人版没什么期待，看完预告后垂直入坑了。
Běnlái duì zhēnrénbǎn méi shénme qīdài, kànwán yùgào hòu chuízhí rù kēng le.

ドラマ化に期待してなかったのに、予告編を見てから沼入り一直線。

同担、推し被り

同担 [tóngdān]

「同担」は日本から「同担拒否（推しが同じファンとは交流しない考え）」の概念と共に中国に輸入され、そのまま中国語として使われている。「同担」のみで使う場合は、「同好 [tónghào]（共通の趣味を持つ仲間）」のニュアンスとも似ている。同担拒否を表したい場合は、そのまま漢字で「同担拒否」と表現するか、「情敵 [qíngdí]（恋のライバル）」とするのがよいであろう。

例文

多一个同担朋友太高兴了。
Duō yí ge tóngdān péngyou tài gāoxìng le.

同担のお友達が増えて嬉しい。

クラスタ

同じような趣味・嗜好を持つ人たちの集まり

○○8

(饭)圈 [(fàn)quān]

「ファン界隈・ファンコミュニティ」を指す。「饭」はファンを意味し、「圈」は「圈子（コミュニティ）」の略、一般的な文脈では「身近な仲間」を指す。「○○クラスタ」を表したい場合は「○○饭圈」よりも「○○圈」を使う。コスプレクラスタは「cos圈」、ドールクラスタは「娃圈 [wáquān]」と呼ぶが、映画のように昔からあるジャンルは、定着している「影迷」を使う。

例文

影迷必看的新作终于公开了。
Yǐngmí bìkàn de xīnzuò zhōngyú gōngkāi le.

映画クラスタ必見の新作がやっと公開されたよ。

カルチャー深掘り

ファンがクラスタ化することの功罪

　2018年、中国ではサバイバルオーディション番組（以下、サバ番）が一大ブームとなり、推しをデビューさせるためのファンの熾烈な応援活動が「ファンがもたらす経済効果」として評価されたため、多くの業界で新規ファン開拓の動きが生じた。日本の「推し活ブーム」に置き換えたらご理解いただけるだろう。しかし、中国ではファンマネジメントができる運営会社が少ないため、ファンが運営の代わりにPRの役割を自発的に担った。これらは運営からは歓迎される一方、運営の介入が無いために、アイドルオタクの"良くない慣習"が様々な界隈に持ち込まれ、細々と推し活を続けていた古参オタクからは嫌厭されている。その理由には、物事の評価軸が「推しているか否か」という単純なものになってしまい、深い議論が自由にできなくなったことや、業界全体の作品の質の低下が挙げられる。例えば、競技スポーツ界隈では、選手のプレイに対する正当な批判であっても、ファンからは「推しを攻撃するな」と反発が来る。映画・音楽界隈であれば、アイドルの出演作品はファンによって高い点数がつけられ、本来の優秀な作品が埋もれ、口コミサイトの信頼性も次第に低くなっていく。「推しジャンルのクラスタ化」は手放しで喜べるものではないと考えるオタクも多い。

供給

運営会社や推し本人からコンテンツや新情報が与えられること

物料 [wùliào]

「素材（マテリアル）」を意味する「物料」は元々広告業界用語で、ポスターやバナーなどの広告素材を指していたが、近年は公式からの提供かどうかにかかわらず、推しにまつわる映像コンテンツや出版物、グッズなど、宣伝として使用できる素材すべてを「物料」と呼ぶ傾向がある。

例文

最近没怎么冒泡，不知道有没有新的物料。
Zuìjìn méi zěnme mào pào, bù zhīdào yǒuméiyǒu xīn de wùliào.

最近低浮上気味だけど、新しい供給来た？

例文

○○近几日最新营业物料有，快来○○。
○○ jìn jǐ rì zuìxīn yíngyè wùliào yǒu, kuài lái kàn.

直近で○○のファン向け供給あり！　急いで！

仕事、スケジュール、活動

行程 [xíngchéng] 活動 [huódòng]

アイドルのスケジュールを「行程」と呼ぶ。事前に公式から公表された予定のことは「公開 [gōngkāi] 行程」、公表されていないプライベートの予定のことは「私人 [sīrén] 行程」と呼び方が分かれている。スケジュールの中でも、「イベント参加」は「イベント」の中国語である「活動 [huódòng]」を使って具体的に表現する。

例文

这个月的公开行程真是忙到飞起。
Zhège yuè de gōngkāi xíngchéng zhēnshi mángdào fēiqǐ.

今月は公式スケジュールがたくさんあって大忙し。

告知

官宣 [guānxuān]

「官宣」は「官方宣布 [guānfāng xuānbù]」の略で、「公式からの告知」を指す。また、アイドル本人からのお知らせ、つまり交際宣言や結婚報告も「官宣」と呼ぶ。SNSでよく見かける「官宣了 [Guānxuān le]」は、場合によっては「アイドル本人が交際を認めたこと」を意味する。

例文

新一季的卡司刚官宣就马上冲上热搜。
Xīn yí jì de kǎsī gāng guānxuān jiù mǎshàng chōngshàng rèsōu.

新シーズンのキャストが告知されるやいなやトレンドに入った。

第一章 中華推し活の基礎知識

ファンサービス、営業

営業 [yíngyè]

日本語の「営業」から。SNS自撮り、宣伝のための番組出演など、「ファンを獲得するために行うサービス全般」を指す。「发糖 [fā táng](キャンディを配る)」も同じことを指すが、目的があってあざとい「営業」よりも意外性があるため、「ファンが喜ぶもの」というニュアンスが強い。どちらも元々BL界隈やCP厨が多く使う用語で、今は非常に幅広いジャンルで使われる。

例文

我推每天都在更新SNS努力营业。
Wǒtuī měi tiān dōu zài gēngxin SNS nǔlì yíngyè.

推しは営業がマメなので、毎日SNSを更新してくれる。

番宣

通告 [tōnggào]

「通告」は元々台湾のエンタメ業界が使っていた用語で、芸能人が宣伝目的でバラエティ番組に出演したり、イベントに参加したりすることを指す。よく一緒に使われる動詞は「接 [jiē]」と「赶 [gàn]」。接は「出演の誘いを引き受ける」という意味で、赶は「同じ時期に多くの番組に出演して大変忙しい様子」を表し、売れっ子アイドルに使う。

例文

为了宣传新专辑连赶节目通告。
Wèile xuānchuán xīn zhuānjí lián gǎn jiémù tōnggào.

新アルバムの宣伝のために、はしごで番宣している。

主演

主角 [zhǔjué]　主演 [zhǔyǎn]

「主角」は「メインキャスト」、「主演」は日本語の「主演する」と同じ意味の動詞表現である。メインキャストが複数存在する場合は、ヒーロー役・ヒロイン役に対して「領衔主演」という呼び方もある。「领衔 [lǐngxián]」は「筆頭」の意。

例文

凭实力拿下热门剧集**主角**的我宝也太优秀了！
Píng shílì náxià rèmén jù jí zhǔjué de wǒbǎo yě tài yōuxiù le!

実力で注目ドラマの**主演**を勝ち取ったうちの推しは優秀すぎる！

リアタイ

首播 [shǒubō]　○○同步 [○○ tóngbù]

中国のコンテンツは基本複数～全話を一気に配信するため、リアルタイム視聴で盛り上がる文化が日本ほど盛んではない。リアタイに近い表現には「首播（初回放送）」があるが、やや硬めで書き言葉に使う。「（配信直後に）最新話を見た」と表現したい場合は、少し長いが「看/追＋最新（一）话/集」と言う。また、「同時配信」を表す時は「○○同步」でもOK。

例文

不想错过今晚的**首播**，一定要卡点下班。 #社畜追星#
Bù xiǎng cuòguo jīnwǎn de shǒubō, yídìng yào qiǎdiǎn xiàbān. #Shèchù zhuīxīng#

今晩の**リアタイ**は逃せないから、定時ダッシュしなきゃ。
#社畜推し活

デビュー

出道 [chūdào]

多くの場合日本語の「デビュー」と置き換えられる。ただし中国ではデビューの基準が曖昧で、事務所に所属し既に芸能活動をしているにもかかわらず、初のEP曲リリース時にマーケティング上の理由で「EP出道」と言うこともある。SNSで一般人に使われる「恭喜出道（デビューおめでとう）」は、日本の「ちょ、ツイート伸びすぎww有名人じゃんwww」と似た表現である。

例文

经历三个多月的比赛之后，我推终于断层C位**出道**了。
Jīnglì sān ge duō yuè de bǐsài zhīhòu, wǒtuī zhōngyú duàncéng Cwèi chūdào le.

3ヶ月のオーディションを経て、
推しはやっと圧倒的な投票数でセンターデビューを果たした。

卒業

毕业 [bìyè]

アイドルがグループを脱退する時や、芸能活動を辞める時に使うオタク用語の「卒業」は、中国語で「毕业」と言う。日本語の漢字をそのまま使った「卒业 [zúyè]」もたまに見かける。「卒業」が日本でアイドル用語として使用されたのは1980年代からだと言われ、中国で広く知られたのは2010年代のAKBブームの頃である。

例文

一定要去**毕业**con，想要亲眼看着我推踏上全新的旅程。
Yídìng yào qù bìyè con, xiǎng yào qīnyǎn kànzhe wǒtuī tàshàng quánxīn de lǚchéng.
#○○**毕业**快乐!#
#○○ bìyè kuàilè!#

卒業コンサートに必ず行って、新しい道へ進む推しを見送りたい。
#○○卒業おめでとう!

ご本人

正主 [zhèngzhǔ] 蒸煮 [zhēngzhǔ]

「正主」は「推しご本人」を指す。「蒸して煮る」と書く「蒸煮」は音が「正主」と似ているため、その伏字である。自分の推しを強調して表したい時は「我（的）正主 [Wǒ (de) zhèngzhǔ]」という表現を使う。ほか、よくある表現として「上升正主 [shàngshēng zhèngzhǔ]（メンションやコメントで本人に知らせる）」「正主发糖 [zhèngzhǔ fā táng]（本人からのファンサービス）」がある。

例文

粉随正主。
Fěn suí zhèngzhǔ.

ファンは推し本人に似る。

例文

蒸煮发糖啦！
Zhēngzhǔ fā táng la!

推しがファンサしてる！

第 一 章

中華推し活の基礎知識

21

メンバー

队友 [duìyǒu] dy

「队友」は推しと同じグループの推し以外のメンバー、つまり「他メン」のことを指す。少し距離感のある呼び方で、ピンインの頭文字をとった「dy」はその伏字。さらに距離を感じる呼び方に、「同僚」を意味する「同事 [tóngshì]」がある。箱推しが少なく、単推しが一般的な中華オタクならではの呼び方だ。

例文

拆了两本新专，小卡都是队友…。
Chāile liǎng běn xīnzhuān, xiǎokǎ dōu shì duìyǒu….

新しいアルバムを2つも開封したのに、トレカは全部他メンだった…。

例文

他真是120分的队长，
Tā zhēnshi yìbǎi èrshí fēn de duìzhǎng,

从生活到舞台都在关注dy的状态。
cóng shēnghuó dào wǔtái dōu zài guānzhù duìyǒu de zhuàngtài.

推しは本当120点のリーダー、プライベートでも舞台上でも
いつもメンバーの様子に気を配っている。

22

グッズ

周边 [zhōubiān] 谷(子) [gǔ(zi)] 罩杯 [zhàobēi]

グッズのことを昔から「周边」と呼ぶ。一説では「周边商品 [zhōubiān shāngpǐn]」を省略した言い方である。最近では「グッズ」という音の当て字「谷子」、またそれを略した「谷」と呼ぶのが主流。「周边」のピンインの頭文字であるZとBを使って、隠語っぽく変換した「罩杯（バストカップ）」という言い方もあり、主にジャニーズファンに使われている。

例文

还有一周就开始新的巡演了，期待新谷子！
Háiyǒu yì zhōu jiù kāishǐ xīnde xúnyǎn le, qīdài xīngǔzi.

待望のツアーまであと1週間、新しいグッズも楽しみ！

フラワーウォール・パネル、祝い花

花墙 [huāqiáng]

応援活動に使う「推しの写真や花でデコられたパネル」のこと。2015年以降流行している応援スタイルで、日本のスタンド花のようにイベント会場に設置する。初期は写真のみだったが、いまや花や小物を駆使した空間装飾に進化を遂げた。SNSのコメント欄では、実物の代わりに絵文字でデコった定型文を投稿する習慣もあり、これを「花墙」とも呼ぶ。

例文

后援会的生日花墙真是奢华又美丽。
Hòuyuánhuì de shēngrì huāqiáng zhēnshi shēhuá yòu měilì.

誕生日に後援会が用意したフラワーウォールは
とっても華やかでキレイだった。

祭壇

推しのグッズを1か所にまとめたディスプレイ

(摆)阵 [(bǎi) zhèn]　谷阵 [gǔzhèn]

映えることからSNSを通じて「祭壇」は中国にも伝わったが、呼び方は日本語の漢字のままではなく、「陣形」を意味する「阵」が使われている。名詞よりは、動詞「摆阵（祭壇を配置する）」の形で使うのがほとんどだ。グッズが多く派手な祭壇をよく作るファンを「摆阵人 [bǎizhènrén]」とも呼ぶ。「○○人」は「○○好きな人」を表す最近流行りの呼び方である。

例文

手头谷虽然不多还是摆了一下生日阵。 #○○生日快乐#
Shǒutóu gǔ suīrán bù duō háishì bǎile yíxià shēngrìzhèn. #○○ shēngrì kuàilè#

手持ちのグッズは少ないけど、お誕生日祭壇を作ってみた。
#○○誕生祭

例文

发一张我推的谷阵，出道三周年快乐吖!
Fā yì zhāng wǒtuī de gǔzhèn, chūdào sān zhōunián kuàilè yā!

推しの祭壇画像を上げるよ、デビュー三周年おめでとう!

考察

作品から読み取れる断片的な情報を推理し、
制作者の隠された意図を深読みしようとする営み

考据 [kǎojù] 分析 [fēnxī] 考古 [kǎogǔ]

中国語の「考察 [kǎochá]」は「視察」を意味し、日本語の「考察」に近い
意味合いを表したい場合は、「考据（考証）」を使う。もう少し軽い語感の「分
析」はより使われるイメージ。現時点より過去にさかのぼって、手がかり
を探して考察する場合は「考古」とも言う。「考古」には日本語同様、「古
い情報から新しい発見を掘り出す」というニュアンスがある。

例文

和朋友一起打游戏，讨论剧情**考据**角色简直太快乐了！
Hé péngyou yìqǐ dǎ yóuxì, tǎolùn jùqíng kǎojù juésè jiǎnzhí tài kuàilè le!

友達とゲームしながら、
ストーリーを語り合ってキャラクター**考察**するの楽しすぎる！

カルチャー深掘り

オタクは考察をしたがる

　日中で共通するのが、オタクは何でもかんでも「考察」する生き物だということだ。考
察ポイントを見出すため、作品の細部や小ネタを隅々まで見る行為は「拿放大镜看○○（虫
眼鏡で○○を見る）」とも言われる。特に「カップリング（CP）萌え」だと妄想に頼る部
分が大きいため、常に考察を求める乞食と化し、少しでも萌えポイントを見つけると「糖
点（アメとなる供給ポイント）」だと喜ぶ。このようなCP萌えは同人界隈に限らず、中国
では実在人物にも関しても日本以上にカジュアルに扱われている感覚だ。どんな組み合わ
せであってもよほど常識に反しない限り、みんなでわいわい盛り上がる分には（もちろん
学級会やアンチも存在するが）あまり問題ない。バラエティ番組やメディアの公式アカウ
ントも普通にCP用語を使ってCPいじりをしていて、なかには本人も把握していることも
ある。ファンによるCP考察もなかなか面白い。「あるある」なのは、SNSの投稿を必要以
上に深読みすること。例えば、推しカプの片方が写真を上げたら、とにかく撮影者がCP
相手である根拠を探しまくり、写真から匂わせ要素を一通りチェックしようとする。ファ
ンやオタクによる考察を見ていると、「無理があるな」と我に返る瞬間もあるけれども、
他のファンからのコメントからは、みんな何気に楽しんでいる様子が伝わってくる。

解釈

解读 [jiědú]　过度解读 [guòdù jiědú]

「解释 [jiěshì]」は「説明、言い訳をする」という意味で、「ストーリーや
世界観、人物像やその関係性に対する自己見解」を表すオタク用語の「解
釈」や「解釈違い」という言い方や概念は、中国にはあまり浸透していな
い印象。似た意味を表したい際には「解读」を使う。特に、「意図的に深
読みする」を表す「过度解读」がよく使われる。「过度」は「過度」の意。

例文

看了这个**解读**之后是真的很心酸了，
Kànle zhège jiědú zhīhòu shì zhēn de hěn xīnsuān le,
看电影的时候并没有想到这一点。
kàn diànyǐng de shíhou bìng méiyǒu xiǎngdào zhè yìdiǎn.

この**解釈**を見て本当に切なくなった、
映画を見てた時は気づかなかった。

ファンカム

饭拍 [fànpāi]

「饭拍」とは「ファン（饭）が撮った（拍）もの」を指し、写真・動画の両
方に対して使用可能。空港での写真は「机场 [jīchǎng] 饭拍」、収録現場に
向かう際は「上班 [shàngbān] 饭拍」、仕事終わりは「下班 [xiàbān] 饭拍」と
呼ばれる。一部のファンカムは二次加工OKで公開されるため、自分好み
のフィルタや加工を加えた写真は「精修 [jīngxiū]（精緻な修正）」と呼ばれる。

例文

全世界都必须看到这个**饭拍**，有人没看过我真的会难过。
Quán shìjiè dōu bìxū kàndào zhège fànpāi, yǒurén méi kànguo wǒ zhēn de huì nánguò.
#神仙颜值#
#Shénxiān yánzhí#

世界、この**ファンカム**を見ないとダメだ！
まだ見てない人がいるなんてつらい。　#顔面国宝

二次創作

同人 [tóngrén]　二次創作 [èrcì chuàngzuò]
二創 [èrchuàng]　产出 [chǎn chū]

「二次創作」は漢字そのままに「二次創作」、または略語の「二創」を使う。
日本語と同じ意味の「同人」も使ってよいだろう。特にアイドルファンは、
「产出」という動詞表現を多く使う。「产出」は「（二次創作を）産み出す」
という意味で、名詞としても使える。

例文

现在! 立刻! 把好看的同人文推荐给我。
Xiànzài! Lìkè! Bǎ hǎokàn de tóngrénwén tuījiàn gěi wǒ.

いま!　すぐ!　面白い同人小説を私にください!

カルチャー深掘り

多 種 多 様 な 二 次 創 作

「ファンが制作したコンテンツすべて」を「同人」と少し乱暴に定義してしまうと、中
国におけるアイドルの同人コンテンツは、一般的に同人コンテンツが多そうなアニメやマ
ンガなどのジャンルよりも、むしろ活発ではないかと思う。一次・二次にかかわらず、同
人誌は違法出版にあたりやすく、中国の同人作家は印刷や頒布に対して非常に慎重だ。一
方、アイドルのファンサイトが主に頒布している「PB（Photo Book：フォトブック）」は
ほぼグッズ感覚で作られ、ファンからは応援活動の集金手段の一つとして認識され、アイ
ドル本人にとってもプラスになるため、積極的に購入する人が多い。

　二次創作は主に「小説」「イラスト」「動画」に分けられ、小説は中国語で「同人文」か
「同人小説」と呼ばれる。イラストは「同人図」だが、アイドル界隈では英語語源の「饭
绘 [fànhuì]（ファンアート）」がより使われている。動画は内容によって呼び方が異なり、
例えばアニメ・マンガ原作の二次創作に多く見られる「手書きMAD」は「手书 [shǒushū]」、
ネタ動画の「音MAD」は「鬼畜 [guǐchù]」と呼ばれる。アイドルの出演まとめ動画は、
内容によって「混剪 [hùnjiǎn]（ステージミックス）」「群像 [qúnxiàng]（複数人）」「双
人cut [shuāngrén]（特定の2人のカット）」「単人cut [dānrén]（ソロカット）」と呼ばれる。

課金

课金 [kèjīn] 氪金 [kèjīn]
打钱 [dǎ qián] 花钱 [huā qián]

「推しのためにお金を払うこと」は「課金」と言う。ソシャゲ界隈でよく使われる日本語の「課金」が由来だが、現在はゲームのみならず、お金が発生する行為はすべて「課金」と呼んでよい。「氪金」はその当て字。もう少し一般的な言い方には「打钱」「花钱」がある。「打钱」は「お金を振り込む」という意味で、「重度課金」のニュアンスが含まれる。

例文

不**课金**想升级太难了。
Bú kèjīn xiǎng shēngjí tài nán le.

無**課金**でレベル上げするには限界がある。

例文

没有什么是**氪金**解决不了的。
Méiyǒu shénme shì kèjīn jiějué bùliǎo de.

課金はすべてを解決する。

無課金ファン

白嫖 [báipiáo] **bp**

「無課金ファン」、つまり「推しのためにお金をかけていない」「無料の範囲内で楽しむファン」を「白嫖」と言う。「bp」はその伏字。元々、「お金を払わない買春客」を指していたが、今は広い意味で、「サービスだけ受け、それに見合う対価を払わない行為」全般を指す。語源が特殊なため、使う際には文脈や、使う相手に理解があるかどうか注意する必要がある。

例文

线上演唱会这么便宜还有人问为什么不免费,
Xiànshàng yǎnchànghuì zhème piányi hái yǒurén wèn wèi shénme bù miǎnfèi,

白嫖达咩, 绝对达咩!
báipiáo dámiē, juéduì dámiē!

オンラインコンサートはこんなにも安いのに、
無料じゃないのかと聞く人がいるなんて、**無課金はダメ、絶対ダメ！**

熱愛発覚、不祥事

塌房 [tā fáng]

「家が倒れた」という意味で、2020年以降アイドル用語として広く使われる。元々は「推しの熱愛が発覚して自分の家が倒れるほどショック」な気持ちを表すものだったが、最近は不祥事なら何でも「塌房」と言う。中国の推し活は時間だけではなく大金を費やす特徴があり、熱愛報道に激しい拒絶反応を示すファンが多く、このような表現が生まれたのだろう。

例文

突然塌房我破防了。
Turán tā fáng wǒ pò fáng le.

突然の**熱愛発覚**に動揺してしまった。

1-2

応援スタイル

030

単推し

作品やグループなどの中から特定の1人だけ推すこと

....

唯粉 [wéifěn] wf

例文

需要灯牌的请私信我！只给唯粉！
Xūyào dēngpái de qǐng sīxìn wǒ! Zhǐ gěi wéifěn!

....

LEDパネルが欲しい人はDMください！　単推しさんに配ってます！

031

箱推し

グループ全体を丸ごと推すこと

....

团粉 [tuánfěn] DD

例文

○○是团粉的天堂!!!
○○ shì tuánfěn de tiāntáng!!!

大家关系真的很好，五个人都有各自的魅力!!!
Dàjiā guānxi zhēn de hěn hǎo, wǔ ge rén dōu yǒu gèzì de mèilì!!!

....

○○は箱推しのパラダイス!!!
メンバー同士本当に仲が良くて、5人それぞれに魅力がある!!!

茶の間

現場には行かずおうちでマイペースに楽しむ応援スタイル

佛系追星 [fóxì zhuīxīng]　散粉 [sǎnfěn]

現場に行かなくても応援スタイルが確立されている中国では「茶の間」にぴったりな訳は無いが、熱量で言うと、マイペースにのんびり推し活するファンのことを「佛系追星（悟り系推し活）」「散粉（ソロファン）」と呼ぶ。さらに、一般の人よりは愛着を抱いているファン未満の人は「路人粉 [lùrénfěn]」、完全なる一般人は「纯路人 [chúnlùrén]」と呼ぶ。

例文

社畜一枚，目前只能佛系追星…。
Shèchù yì méi, mùqián zhǐ néng fóxì zhuīxīng….

限界社畜なのでいまは茶の間で推し活を楽しむしかない…。

例文

年纪大了还是当散粉轻松，
Niánjì dàle háishì dāng sǎnfěn qīngsōng,
专注自家，该出钱的时候出钱就好。
zhuānzhù zìjiā, gāi chū qián de shíhou chū qián jiù hǎo.

年をとったせいかソロスタイルのほうが自分に合う。
推しにだけフォーカスして、課金すべき時に課金するのみ。

遠征

コンサート鑑賞やイベント参加のために遠い土地に行くこと

远征 [yuǎnzhēng]

「远征」をオタク用語として使うのはジャニーズファンが多く、特に中国から日本ツアーに参加する際に使われる。よりローカルな表現には「追(追いかける)」がある（例：「追〇〇的演唱会」）。そもそも遠征自体が中国であまり浸透しないのは、アイドル産業が未熟で、全国ツアーを定期的に開催できる力を持つ事務所やアイドルが少ないからだと考えられる。

例文

和姐妹们吃完饭一起去买下次远征的参战服。
Hé jiěmèimen chīwán fàn yìqǐ qù mǎi xiàcì yuǎnzhēng de cānzhànfú.

オタク友達とご飯して、今度の遠征用の参戦服を買いに行った。

例文

整理相册翻到以前远征看con时的照片，
Zhěnglǐ xiàngcè fāndào yǐqián yuǎnzhēng kàn con shí de zhàopiàn,
三年没见了我好想他…。
sān nián méi jiàn le wǒ hǎo xiǎng tā….

アルバムを整理してたら、昔コンサートのために遠征した時の写真を見つけた。あれからもう3年、推しに会いたい…。

推し変

推しを変えること

爬墙 [pá qiáng]

「爬墙」は中国古典（『登徒子好色賦』宋玉）由来の言葉で「浮気」を意味するが、ネットでは「推し変」を指す。ここから派生して「新しい推し」を「(新)墙头（塀の先端）」と呼び、頻繁に推し変をする一途でないファンのことは「墙头草 [qiángtóucǎo]」と呼ぶ。「墙头草」とは「堀の上に生えている草」で、風に当たるとすぐ向きを変えるというニュアンスが込められている。

例文

不爬墙没有别的墙头！只钟爱你。
Bù pá qiáng méiyǒu bié de qiángtóu! Zhǐ zhōng'ài nǐ.

推し変しない、新しい推しはいない！　あなただけに一途。

カルチャー深掘り

中国ファンは意外とすぐ推し変する？

　日韓のアイドルグループは比較的長寿で、ファンも一途な印象だ。中国にももちろん長寿アイドルはいるが、近年はサバ番ファン（秀粉）が急増し、アイドルの"賞味期限"は一気に年単位へと短縮された。1人の推しと出会い、離れるまでの中国ファンのサイクルは特徴的で面白く、よく使われる表現と共に紹介したい。まず、何かをきっかけに推しに急にハマる（上头）。気づいたら沼から抜け出せなくなり（入坑）、急激に推し活ライフに突入する（疯狂追星）。デビューなどファンが燃え尽きそうなタイミングで、運営は各種供給（物料）や番組出演（上通告）、アンバサダー仕事（代言）などを投下し、ファンの定着を図る（固粉）。もちろん新規ファンの開拓にも励む（吸粉）。ファン組織（后援会）も布教活動（安利）を惜しまず、箱推し（团粉）をどれだけ単推し（唯粉）に変えられるかに特に力を注ぐ。これは「洗粉（ファンを洗い替えること）」と呼ばれ、グループ解散後も応援してもらうことが狙いだ。不祥事が発生してしまう（塌房）と、ファン離れが起き（脱粉）、推し変が発生する（爬墙）。中華推し活は労力がかかるために、アンチに豹変して誹謗中傷を行う（回踩）ファンも一定数いる。これが通常、ファンが経験する1サイクルで、推しができる度に何周もする。

ファンの種類

ファン

035

粉丝 [fěnsī] 饭 [fàn]
○○女孩／男孩 [○○ nǚhái / nánhái]

「粉丝」は英語の「fans」から。より英語の発音に寄せた表記は「饭」。「○○のファン」と表す場合は、「推しの名前＋（的）粉」の形を用いる。ファンの男女を区別する時には「女粉」「男粉」とそれぞれ言うが、ここ数年は「○○女孩／男孩」という言い方も流行っている（ノリ的には「安室の女（アニメ流行語大賞2018）」に近い）。普通のファンよりも熱狂的なイメージがある。

例文

粉丝摆手打招呼TA也马上回应！
Fěnsī bǎi shǒu dǎ zhāohu tā yě mǎshàng huíyìng!

ファンが手を振ったら彼女／彼も手を振り返してくれた！

例文

身为○○女孩太幸福了。
Shēn wéi ○○ nǚhái tài xìngfú le.

○○ファンでいれることがとても幸せです。

トップオタ

群を抜いて熱量が高い、もしくは金銭を惜しまない、影響力あるオタク

大粉 [dàfěn]

「大粉」は要するに「影響力を持つファン」。「大」は「大v」の略で、SNS上で大量のフォロワーを有する「認証済み（Verified）ユーザー」のことを指す。これらの「大粉」は実際のところ、ファンサイトを作り上げている「站姐 [zhànjiě]（ファンサイト管理人、撮りオタ）」や、初期から推し続けている「老粉 [lǎofěn]（古参）」のことである。

例文

关注的**大粉**都脱粉了，我还对我宝不离不弃!
Guānzhù de dàfěn dōu tuōfěnle, wǒ hái duì wǒbǎo bù lí bú qì!

フォローしている**トップオタ**さえファンをやめたのに、
私はまだまだファンでいる!

例文

老粉从出道以来一直都在努力应援。
Lǎofěn cóng chūdào yǐlái yìzhí dōu zài nǔlì yìngyuán.

古参はデビューからずっと盛り上げてくれた。

第一章

中華推し活の基礎知識

35

新規

最近好きになったばかりのファン

新粉 [xīnfěn]　萌新 [méngxīn]

「新粉」は「新しいファン」という意味で、その対義語の「古参（古くからのファン）」は「老粉 [lǎofěn]」と言う。中国語の「老」には年齢だけでなく、「経歴が多い」「経験豊富」の意味も含まれる。「新粉」に似た「萌新（ピカピカの新人）」という言葉もあり、元々はゲーマーやアニメオタクの間で使われていた自称だったが、今はジャンル問わず広く使われている。

例文

#新粉必读#! 简单科普一下。
#Xīnfěn bì dú#! Jiǎndān kēpǔ yíxià.

#新規ファンは履修マスト!　簡単に紹介するね!

例文

入坑两个月下了两次卡池全歪了,
Rù kēng liǎng ge yuè xiàle liǎng cì kǎ chí quán wāi le,

这游戏对萌新太不友好了。
zhè yóuxì duì méngxīn tài bù yǒuhǎo le.

ハマって2ヶ月で2回もガチャで爆死、初見に厳しすぎるゲームだ…。

にわか

最近もしくは短期間でファンになった人、
またそれがゆえに推しにあまり詳しくないファン

假粉（丝）[jiǎfěn(sī)]　路人（粉）[lùrén(fěn)]

「にわか」の中国語は非常にストレートで「假粉」、要は「偽物のファン」
ということ。その対義語である本物のファンは、「真粉 [zhēnfěn]」。何かし
らのきっかけでファンになりかけ、まだガチ勢ではない臨時ファンは「路
人粉」(p. 31) と自称することもある。ガチ勢が推しを布教するために、「路
人粉ですが」という枕詞を使って自作自演することもある。

例文

现在才知道以前的墙头毕业了，我是假粉哈哈哈。
Xiànzài cái zhīdào yǐqián de qiángtóu bìyè le, wǒ shì jiǎfěn hā hā hā.

一時ハマってた子がすでに卒業していたのを今更知った、
にわかだからなww

例文

这里是刚入坑的路人，请问○○有什么饭制视频的推荐么？
Zhèlǐ shì gāng rù kēng de lùrén, qǐngwèn ○○ yǒu shénme fàn zhì shìpín de tuījiàn me?

にわかなんですが、
○○のおすすめの二次創作動画を教えていただけますか？

布教オタク

自来水 [zìláishuǐ]

「自发而来的水军 [zìfā ér lái de shuǐjūn]（自発的な水軍）」の略で、組織的に大量に書き込むサクラを「水軍」と表すことから、見返りを求めずに推しや作品を布教する熱狂的なファンらが自称し始めた。2015年、ネットファンの口コミのおかげで中国アニメ映画『西游记之大圣归来』がヒットにつながり、監督が公式コメントで感謝を寄せたことから広く知れ渡った。

例文

这部剧真的很好看，值得我们**自来水**为它打call！
Zhè bù jù zhēn de hěn hǎokàn, zhí dé wǒmén zìláishuǐ wèi tā dǎ call!

このドラマ本当に面白い！　われわれ**布教オタク**の応援が必要！

強火(オタク)

铁粉 [tiěfěn]

「铁杆粉丝」の略。「铁杆 [tiěgǎn]」は「頼りになる」「確実」という意味で、「熱狂的で絶対裏切らないファン」、要はガチ勢のことを指す。似たような表現で昔から使われているのが、「头号 [tóuhào] 粉丝（大ファン）」「忠实 [zhōngshí] 粉丝（忠実なファン）」だ。やや過激派であれば「铁血粉 [tiěxuèfěn]」と自称しても良い。「铁血」は「意志が強く犠牲心に富む」の意。

例文

我可是**铁粉**，对剧情记得可是一清二楚呢！
Wǒ kěshì tiěfěn, duì jùqíng jìde kěshì yìqīngèrchǔ ne!

強火なので、ドラマのセリフを一字一句覚えている！

リアコ（ガチ恋）

手の届かない推しへ
実際に恋をしているファン

女友粉 [nǚyǒufěn]

例文

TA真的有让人秒变**女友粉**的魅力。
TA zhēn de yǒu ràng rén miǎo biàn nǚyǒufěn de mèilì.

彼女／彼には一瞬でファンを**リアコ**にする魅力がある。

夢女子

恋愛関係をはじめとする
推しと自分の交流を夢見るファン

梦女 [mèngnǚ]

例文

那位太太写的作品真是太深得我们**梦女**的心了。
Nà wèi tàitai xiě de zuòpǐn zhēn shì tài shēn dé wǒmen mèngnǚ de xīn le.

あの先生は**夢女子**が感情移入してしまう作品を
いつもお書きになる。

第 一 章

お母さんファン

我が子のように推しの
成長を見守る親目線のファン

妈(妈)粉 [mā(ma)fěn]

例文

他也太好看了，我每天在**妈粉**女友粉间反复横跳。
Tā yě tài hǎokàn le, wǒ měi tiān zài māfěn nǚyǒufěn jiān fǎnfù héngtiào.

やっぱ顔が良すぎる、
毎日**親目線**と**ガチ恋**の狭間を反復横跳びしている。

中 華 推 し 活 の 基 礎 知 識

カプ推し、CP厨

ある特定のメンバー・キャラクター同士の組み合わせや関係性を推す人

CP粉 [cpfěn] cpf

※CPの表記は小文字／大文字どちらでも可

「CP」はカップリングの略で、「メンバー・出演者・キャラクター同士の組み合わせ」のこと。当初二次元・BL界隈で多く使われていたが、ここ数年宣伝の一環として、出演者同士が作品以外の場でも仲良しアピールをするなど、芸能人の"抱き合わせ販売"が盛んに行われ、女性ファンの人気を集めていることから、カジュアルに「CP」という言葉が使われるように。

例文

因为是CP粉，所以特地穿了他们代表色的衣服看con。
Yīnwèi shì cpfěn, suǒyǐ tèdì chuānle tāmen dàibiǎosè de yīfu kàn con.

カプ推しなので
メンバーカラーを組み合わせたコーディネートで参戦した。

例文

身为cpf，周边自然要买两份啦！
Shēn wéi cpf, zhōubiān zìrán yào mǎi liǎng fèn la!

CP厨だからグッズはもちろんペア購入！

中華推し活に欠かせないSNSと
推しのための「壁越え」

　中国の推し活は、「オンライン活動の比率の高さ」が特徴だ。
イベントやコンサート会場などリアルな現場でのオタクによる
応援文化も大変特徴的だが、これらの実施や拡散もオンライン
を抜きにしては成り立たない。そして、オンライン活動は当然
中国独自のSNSで行われるため、日本の推し活とは異なる様相
を呈している。これが中国関連の推し活を行う上で、ハードル
が高い点と同時に面白い点である。ここでは、推し活に欠かせ
ない中国国内の各種SNSの特徴と使い方についてご紹介したい。
少しでもみなさんの推し活に役立つと幸いである。

中華推し活に欠かせないSNSたち

　ひと昔前、中国のSNSを紹介する際には「中国のFacebook」
「中国のTwitter」という言い方がよくされていた。確かに、黎
明期の中国のSNSはモデルとなったSNSがあったように思える
が、十数年のうちに発展を遂げて、現在は中国のローカルユー

ザーに適した、独自のサービスが多くリリースされている。

　「中国のTwitter」と言われる〈微博（Weibo）〉はTwitterよりも早い段階で文字数、画像投稿の制限を撤廃しており、ファンコミュニティ向けの機能も複数実装している。多くの芸能人がアカウントを開設していて、**中国語で推しの情報を知りたいなら、まず微博を入れるべし**と言っても過言ではない。しかし、微博のユーザー数はあまりにも多く（※MAU＝約5億8000万人）、ユーザー層も幅広いため、誹謗中傷やデマ情報の拡散は日常茶飯事であり、もっと平穏なSNSライフを送りたいのであれば、〈小红书（RED）〉がおすすめだ。

　小红书は**若い女性がよく利用する写真メインのSNS**だが、体験談やレビュー記事、ライフハックなどの共有も多く、上手に利用すれば検索エンジンよりも適切な情報をリアルタイムで得ることができる。ここ数年もっとも勢いのあるSNSで、多くの芸能人も利用を始めている。告知が多くなりがちな微博ではもの足りず、著名人のオフの一面を知りたいのであれば、小红书アカウントを検索してフォローすると良いだろう。

　SNSを通じて仲良くなった**ファン友達と連絡を取り合いたい**場合や、ファン同士のグループチャットに参加したい場合は、〈微信（WeChat）〉または〈QQ〉を利用すると良いだろう。IM（インスタント・メッセンジャー）ツールはなかなかハードルが高く、うまく活用できないと後ろ向きになるかもしれないが、1対1のチャットであれば、中国語がそんなに上手でなくても、チャットに翻訳botを追加することで会話が可能である。実際、筆者の知り合いはそうして中国のファンと情報交換している。また、発言が強要されなくてルールがゆるいグループチャットに入るのも一つの手だ。流れてくる中国語のチャットを眺めるだけで一定の情報収集になり、推しに関する表現をたくさん勉強することができる。いきなり発言をするのは難しいと感じても、「汎

用性の高いミームを使う」という裏技を発動すればどうにか会話は続くので、よかったらぜひお試しを！

　推しの出演作品などの動画コンテンツを見たい場合は、多種多様な動画配信サービスが利用できるが、作品ラインナップ以外での違いはほとんどない。日本からアクセスしやすい、英語や日本語の字幕付きで見たいといった需要であれば、最近グローバル進出に力を入れている〈爱奇艺（iQIYI）〉や〈腾讯视频（WeTV）〉〈芒果TV（Mango TV）〉が良いだろう。わざわざこれらのアプリをダウンロードしなくても、一部人気の番組やテレビドラマは、YouTubeチャンネルで見ることができる。

　作品本編では満足できず、二次創作やコメントを通して他のファンの反応を見たい場合には、〈ビリビリ動画（Bilibili）〉（以下、ビリ動）がぴったりだ。海外IPアドレスだと一部版権受諾コンテンツが見れなかったり（例えば日本のアニメなど）、日本語字幕が無かったりするため、利用の敷居は高いかもしれないが、中国語がある程度マスターできたらぜひ試していただきたい。ビリ動はひと昔前の二次元オタクがメインに使う動画サイトだったが、ここ数年のユーザー数拡大に伴い、ユーザー層も多様化している。そのため、二次元・三次元問わず、ビリ動を訪れれば推しの関連動画が必ず見つかるはずだ。

　ショート動画系アプリだと〈抖音（TikTok）〉と〈快手〉が2強だが、微博や小红书と比べてアカウントを開設する芸能人が少なく、推し情報を入手する目的だと活用度はやや劣る。ただ、ここ数年の中国のサバ番は、毎回エントリー候補の中に、抖音や快手でのインフルエンサー枠を設けているので、素人からアイドルへの成長ストーリーが好きならば、普段からチェックしておいたほうが良いかもしれない。

　推し関連のグッズが欲しいのであれば、どこかに買いに行くよりもオンライン通販を利用するのが中国では一般的だ。実店

舗や自社の通販サイトを運営する事務所が数少なく、〈淘宝
(Taobao)〉〈微店 (YouShop)〉などといったプラットフォーム内に、
ストアを開設するのが主流だからだ。中古グッズであれば、中
国のオタクはフリマアプリの〈閑魚 (Xianyu)〉をよく利用する。

海外情報の収集——中国オタクの「壁越え」事情

　中国ではTwitterやYouTube、Instagramといった海外SNSサ
ービスが利用できない代わりに、国内独自のSNSが普及してい
るというのはもはや周知の事実だ。とはいえ、中国のネットユ
ーザーが外国のSNSを全く使わず、海外の情報やトレンドを追
えないというわけではない。特にオタクというのは、推しの情
報は全部知りたいという特性があるので、中国にいながら
TwitterやInstagramなどのアカウントを開設して、タイムライ
ンを追いかけることは珍しくない。特に海外のサイトからオン
ライン投票やストリーミング再生といった応援活動に参加する
必要がある場合、「GFW（グレート・ファイアウォール）」と呼ばれ
る中国の情報検閲システム（通称「墻（壁）」）を突破する、「壁
越え（翻墻）」の需要はさらに高まる。

　中国オタクがこの高い壁を越えるために、よく利用するのが
「VPN（仮想プライベートネットワーク）接続」である。今どきはス
マートフォンで簡単にVPNの設定ができるのだが、規制上、安
定して稼働するものが年々少なくなっている。自力で「壁越え」
ができないファンやオタクは、いわゆる「搬運工（転載や翻訳な
ど情報を中国SNS上に流すアカウント）」をフォローして情報収集す
る。そのため、中国にいながらも海外のSNSから発信された推
しの最新情報を把握しているというのは全然おかしくない話な
のだ。もちろん、このような転載は本来NG行為だと思うが、
中国のインターネット事情に照らし合わせてみれば、やむを得

ない事情もあることはご理解いただきたい。ちなみに、SNSで
の情報発信において、中国本土とそれ以外に分断された二重構
造は運営側にとってもリスクになり得る。特に、炎上時にSNS
ごとに運営の対応が異なると非常に厄介な展開に繋がる。

推し活のルーティン

　アイドルオタクに限定すれば、中国の推し活はざっくりと3
つのタイプに分けられる。一番手軽なのは、SNSで推し関連の
ツイートにいいねをしたり、推しのために投票したりするソシ
ャゲ感覚の「デイリーミッションタイプ」。それよりも少しハ
ードルが上がるのが、自分で創作して推しを布教する「二次創
作タイプ」。その生産行為は中国語で「产出（産出）」と言われ、
特に優秀な作品を生み出す作家（「大大／太太／大○○（○○御大／
○○大先生／○○様）」と呼ばれる）はファンの間でとても大切にさ
れる存在だ。そして、もっともハードルが高いのが、現場での
応援を企画したりファンサイトの運営をしたりする「実行委員
タイプ」。莫大な時間と金銭を要し、多様なスキルや広い人脈
も必要で、ファンの中で一番尊敬される存在である。

　ここからは手軽な推し活である「デイリーミッションタイプ」
を例に、SNSサービスが日々どのように活用されているか、具
体的な推し活シーンと合わせて紹介したい。

デイリーミッションタイプの1日

08:00〜09:00

　通勤。地下鉄で微博を開き、推し関連のアカウントをチェッ
クして近況を把握。超话（ファンコミュニティ、p.131）のチェ

ックインも忘れずに実施。微博で推しの新曲MVを再生。い
いね！はもちろん、曲を感想付きで共有。音楽アプリで新曲
をストリーミングし、ランキングに推しの票を入れる。裏垢
にも切り替えて投票。

09:00〜12:00
| お仕事

12:00〜13:00
お昼休憩。推しがイメージキャラクターを務める外食チェー
ンで、推し限定セットを注文。店頭にあった等身大パネルを
撮影して、写真を超话に上げる。消耗品やコスメが切れそう
なので、推しとのコラボ商品を淘宝で購入。

19:00〜20:00
残業して帰宅。通勤中は推しの新曲の再生数稼ぎ。同担の友
達と微信のグループチャットで新曲の感想を共有する。

20:00〜22:00
出前を食べながら、推しが新曲宣伝のために出演したウェブ
番組を腾讯视频で視聴。もう一度見たいので、ビリ動で推し
カット動画を探して視聴。タグから二次創作も漁る。自分の
新曲感想の投稿にリプライが来たため返信。

オタク構文

045

我永远爱○○
Wǒ yǒngyuǎn ài ○○

永遠の推し

046

全世界最好的○○
Quán shìjiè zuì hǎo de ○○

世界一の○○

047

○○是我们的底气
○○ shì wǒmen de dǐqì

推しがいるから強くなれる

048

感觉还能再爱亿年 ※年数は自由に変更可能
Gǎnjué hái néng zài ài yì nián

1億年先も推せる

049

○○勇敢飞，△△永相随。 ※○○=推しの名前、△△=ファン名
○○ yǒnggǎn fēi, △△ yǒng xiāng suí.

ファンは翼なり、推しよ羽ばたけ

050

过年了／放鞭炮
Guònián le / Fàng biānpào

今日は祝日です

051

不能同意更多　※「can't agree more」の誤訳が定着した表現
Bù néng tóngyì gèng duō

わかりみが深い

052

颜值天花板
Yánzhí tiānhuābǎn

ビジュがカンストしてる　※「カウンターストップ」の略で、上限に達した状態のこと

「○○天花板」は「女性の出世が頭打ちになること」を指す「ガラスの天井」から。転じて「上限に達した様子」を表し、ファンは「推しがある分野において最も高いレベルに達した」と褒めたい時に使う。「内娱天花板(大陸エンタメ界最高レベル)」など、○○は任意の分野や属性に置き換え可能。

053

○○的笑容由我们来守护
○○ de xiàoróng yóu wǒmen lái shǒuhù

守りたい、この笑顔

054

全世界都来看
Quán shìjiè dōu lái kàn

全人類見て

055

我看不懂，但我大受震撼。
Wǒ kànbùdǒng, dàn wǒ dà shòu zhènhàn.

よくわからないけど、驚きが襲ってきた

元ネタは2013年の映画監督の李安のインタビューから。汎用性の高さによってミーム化され、「目の前の出来事に困惑している様子」を指すようになった。似たような意味を持つ「不明觉厉 [bùmíngjuélì]」という四字熟語もある。

四舍五入等于不要钱
Sìshěwǔrù děngyú búyào qián

実質無料

喜闻乐见
Xǐwénlèjiàn

オタク全員好きなやつ

「喜んで聞き、喜んで見る」という意味。普通の四字熟語だが、周恩来元総理が発言で引用したため多くの人に知られる。元々の文脈は「政府は人民が好む文芸作品を尊重し、一定の創作の自由を与えるべき」だったが、ネットで使われる際には「オタク・ネット民が好むコンテンツ」を指す。

我缺这点流量吗?
Wǒ quē zhè diǎn liúliàng ma?

続きが気になる

直訳すると「こんなわずかのデータ通信量すら（私には）無いと思ってんの？」になる。「流量」にまつわる表現はスマホの普及で増え続けるが、最近よく見かける「省流 [shěng liú]」は「みんなのデータ量をセーブするために3行でまとめてやるよ（今北産業）」というニュアンス。

求指路
Qiú zhǐlù

現場どこですか?

太天才了
Tài tiāncái le

天才かよ

061

熬夜补完／补课／补〇
Áoyè bǔwán / bǔkè / bǔ〇

徹夜で〇〇を履修

「履修」を表したい時、オタクはまず「补完（補完）」を使う。元ネタは『新世紀エヴァンゲリオン』の人類補完計画。「补完＋作品名」の形で用いることが多い。あまりオタクっぽくしたくないなら「补课（補習）」または「补」一文字で使うとよい。猛履修を表したい時は「恶补 [èbǔ]」を使う。

062

你要是唠这个，我可不困了啊！
Nǐ yàoshi lào zhège, wǒ kě bú kùn le a!

オタク特有の早口になってしまいました

中国では日本のような「オタクは早口」のイメージはないが、好きなものへの食いつきは世界中同じだ。これは中国初のシットコム『我爱我家』で、無気力だった登場人物が興味のあるネタに食いついて急に立ち上がった時のミームで、直訳だと「それを語るなら、眠気が一気に消えちまうぞ」。

063

〇〇已下单
〇〇 yǐ xiàdān

お布施を支払ってきました！

064

〇〇的水我的泪
〇〇 de shuǐ wǒ de lèi

今夜〇〇を流れるのは私の涙です

中国で広く知られる名曲『千年等一回』の歌詞「西湖的水我的泪（西湖の水は私の涙）」から。ネット上で使われる際には、西湖を他の川に置き換えることがよくある。例えば長江や黄河、珠江などはスケールが湖より大きいので、より失望や感激した気持ちを表せる。

○○的眼里有光／星星
○○ de yǎn li yǒu guāng / xīngxing

推しの目に星が光る

推しを褒める時にやたらスケールがでかいのは日中共通。特に瞳の奥深さを褒める際は宇宙や天体と結びつけがち。アニメ『銀河英雄伝説』サブタイトルに使われた「星辰大海 [xīngchén dàhǎi]（星の大海）」はその美しい響きゆえ、アニメに疎い人にも推しの瞳を褒める時にしばしば引用される。

时间大杀器
Shíjiān dàshāqì

時間溶けた

赛高／最高
Sàigāo / Zuìgāo

最＆高

日本語「最高」の発音を中国語にした「赛高」は2000年代からある現役表現。日本語ができなくても、アニメによく出てくる言葉を中国の若者は好んで使う印象がある。例えば「达咩（ダメ）」「啊咾 挨都（あの…えっと）」「红豆泥（本当に）」など、まずは発音してみると案外わかってくるものだ。

啊啊啊我死了／awsl
A a a wǒ sǐ le

尊死

2019年前後に誕生した新しい表現で、「啊」は気持ち次第で伸ばせる。略語の「awsl」及びその派生語「阿伟死了 [Āwěi sǐ le]」も広く使われている。それまでは「萌死（萌えすぎて死ぬ）」が主に使われていた印象。日本でawslが知られたのはVTuberがきっかけ。

感情を表す言葉

069
笑死／笑不活了
xiào sǐ / xiào bù huó le

笑いすぎて死ぬ

070
草
cǎo

wwww

日本語の「www」、その派生語「草」「草不可避」は二次元オタクを中心に中国で浸透している。特に「草」は中国語と日本語両方の意味がとれるのでオタクに好んで使われる。その際は「草（中日双语）」の表記が多く、日本語「わろた」はもちろん、中国語「操（fu*k）」のニュアンスも含む。

071
哈哈哈哈／hhhh／红红火火恍恍惚惚 ※「h」を連続入力した際のデフォルト変換
hā hā hā hā / hhhh / hónghóng huǒhuǒ huǎnghuǎng hūhū

はははは

072
qswl／气死我啦／74
qì sǐ wǒ la

怒りがとまらない

073
我不配吗?
Wǒ bú pèi ma?

私にはそんな資格が無いとでも?

第一章

中華推し活の基礎知識

55

074

无语
wúyǔ

ノーコメント、言葉にならない

075

我哭了
Wǒ kū le

泣いた

076

我emo了
Wǒ emo le

気分が落ち込む、感傷的になる

若者の間で大変人気な新しい表現。同じく「emotional」が語源の日本語「エモい」は「心が揺さぶられてなんとも言えない気持ち」を括っているが、中国語は「目の前の出来事に納得できない、物事が予想通りに行かない時に落ち込む気分」を表す。切ないまではいかないがちょっぴり悲しい感じ。

077

呜呜呜
wū wū wū

ううう

078

嘤嘤嘤
yīng yīng yīng

ぴえん

「嘤嘤嘤 [yīng yīng yīng]」は「呜呜呜」に比べて新しい表現で、ややあざとく日本語の「ぴえん」と同じ感覚で使う。ぴえんをよく使う若い女性や鳴き声がかわいい小動物に対する「嘤嘤怪（ぴえんの妖精）」という言い方もある。日本の顔文字や英字表記（T_T、QAQなど）も以前は多く使われていた。

079

〇〇心里苦 ※〇〇には自分を指す表現が多く入る
〇〇 xīn li kǔ

心が苦しい

080

救命／sos
jiùmìng

助けて

081

上头
shàng tóu

ハマる、惚れる

若者が使う「上头」はまず「〇〇に対して急にハマること」を指す。もう一つは英語「crush」同様、「〇〇に夢中／好き」の意味で使う。「上头」は元々「飲酒後に酔いが頭に上って来る感覚」を表す。「上(〇〇の上にある)」は方位詞としても普通に使うので文脈をよく見ること。

082

太尊了
tài zūn le

尊すぎる

「太尊了」は日本語の「尊い」と程度を表す副詞を組み合わせたほぼ二次元オタクにしか通じない表現。一方、「尊い」から派生した日本語「てぇてぇ」(中国語は当て字の「贴贴」)はいま広く使われ、「贴(くっつく、接近する)」本来の意味から、「仲良し」「距離感が近い」「他人に急接近する」を表す。

083

慕了
mù le

羨ましい

（捂胸口）
wǔ xiōngkǒu

胸キュン

中国SNSの括弧の使い方は、まず「(笑)」のように括弧に動詞が入る。連続動作なら動詞は何個並んでもOK。次に「()」「(。」で「以下略」を表す。最後は中国独自の「読みと意味が不一致」の使い方。日本の「本気」と同じノリで、例えば「追 (da) 星 (gong)」は括弧内で「打工 (お仕事)」を表す。

啧啧　※口に出す時は声調不定
zézé

ちっちっち

日本では舌打ちのイメージは結構悪いが、中国語では賞賛を表す場合もある。そのため、「推しの新曲は本当に『啧啧』だ!」とファンがコメントしていたら、褒めている可能性も十分あるため、前後の文脈でしっかり判断すること。

我酸了／🍋
Wǒ suān le

〇〇に嫉妬

「我酸了」はイソップ童話の「すっぱい葡萄(ぶどう)」から。元々は「相手を貶(おとし)めたりして負け惜しみを言う」という意味だったが、ネット上で使われる際には「嫉妬する」またはその時の心境を表す。酸っぱいに関連して🍋も使われ、嫉妬心が人一倍強い人は「柠檬精 (レモンの妖精)」と呼ぶ。

羡慕嫉妒恨
xiànmù jídù hèn

妬(そね)み嫉み恨み

讃美の四字熟語

088

みんなの初恋

人间初恋 [rénjiān chūliàn]

例文

人间初恋○○学长，笑容真是比1000克拉的钻石还要耀眼!
Rénjiān chūliàn ○○ xuézhǎng, xiàoróng zhēnshi bǐ yìqiān kèlā de zuànshí hái yào yàoyǎn!

みんなの初恋○○先輩、
1000カラットのダイヤモンドよりも笑顔が眩しい。

089

ギャップ萌え

反转魅力 [fǎnzhuǎn mèilì]

例文

台上霸气十足台下卖萌撒娇，反转魅力真是让人欲罢不能。
Tái shàng bàqì shízú tái xià màiméng sājiāo, fǎnzhuǎn mèilì zhēnshi ràng rén yù bà bù néng.

ステージ上ではオーラ全開でプライベートでは愛嬌たっぷり、
ギャップ萌えがたまらない。

国民の旦那

国民老公 [guómín lǎogōng]

「国民○○」は特に韓国ではよく使われる言い方で、「一般認知度が高く
国民的な影響力がある」タレントに使う。一般的に知られたのは2017年
頃からで、「老公」とは実業家・王思聡を指した。富豪の一人息子で金払
いがよく、eスポーツに熱心な王氏は男女問わず支持され、SNSで彼のこ
とを「老公」と呼ぶ人が続出。似た構文に「国民老婆」「国民男友」がある。

例文

国民老公真是帅哭我，请问民政局在哪里？？
Guómín lǎogōng zhēnshi shuài kū wǒ, qǐngwèn mínzhèngjú zài nǎli ??

さすが国民の旦那、かっこよくて泣いた。
役所に婚姻届を出していい??

ウィンク職人

wink达人 [wink dárén] wink匠人 [wink jiàngrén]

2000年代から使われている「○○达人」は、台湾バラエティの影響を受
けたと思われるが、大元は日本語の「達人」であろう。一方、「○○匠人」
は新しい言い方で、背景には中国新興メーカーが台頭し、日本の匠の精神
が再評価されたことがある。これに似た「○○職人」はかなり前から二次
元オタクが使っていたが、いまやアイドルオタクも使い始めているようだ。

例文

#wink匠人# #wink天才# ○○的wink直接把我带走了!
#wink jiàngrén# #wink tiāncái # ○○ de wink zhíjiē bǎ wǒ dàizǒu le!

#ウィンク職人　#ウィンク天才
○○のウィンクが可愛すぎて気絶!

生まれながらのアイドル

天生爱豆 [tiānshēng àidòu]

例文

在舞台上的她闪闪发光，真是天生爱豆。
Zài wǔtái shang de tā shǎnshǎn fāguāng, zhēnshì tiānshēng àidòu.

ステージ上の推しが輝かしい、まさしく生まれながらのアイドル。

天使の歌声

天使嗓音 [tiānshǐ sǎngyīn]

例文

#天使嗓音# 这清澈又空灵的高音，
#Tiānshǐ sǎngyīn# Zhè qīngchè yòu kōnglíng de gāoyīn,

○○的嗓音真是被天使吻过吧！
○○ de sǎngyīn zhēnshì bèi tiānshǐ wěnguò ba!

#天使の歌声
○○の透き通るような高音は天使にキスでもされたの？

第

一

章

顔面天才

脸蛋天才 [liǎndàn tiāncái]

例文

给大家看脸蛋天才，洗洗眼睛。
Gěi dàjiā kàn liǎndàn tiāncái, xǐxi yǎnjing.

目の保養となる顔面天才をどうぞお納めください。

中華推し活の基礎知識

入沼必至

入股不亏 [rù gǔ bù kuī]

「入股」は「株を購入する」という意味で、「入股不亏」は「この株は絶対儲かる」という売り文句。ここでの株は、「すでにみんなに認知されている優良株」よりも「ポテンシャルの高い成長株」や「隠れ優良株」を指す。株用語はネットと親和性が高く流行語化しやすい。例えば「散粉（ソロファン）」（p. 31）も株用語の「散户（個人投資者）」が由来だと考えられる。

例文

公司的10后练习生好可爱啊，感觉入股不亏，姐姐等你出道!
Gōngsī de yī líng hòu liànxíshēng hǎo kě'ài a, gǎnjué rù gǔ bù kuī, jiějie děng nǐ chūdào!

事務所のα世代練習生が可愛すぎて入沼必至、デビューが楽しみ!

フォトショいらずの無加工キラー

生图杀手 [shēngtú shāshǒu]

注目してほしい表現は「生」で「処理されていないデータ」を指す。同じ意味合いで、「生写」や「生肉」がオタクの間で広く使われる。前者は日本語の「生写真」、後者は英語の「raw≒肉 [ròu]」の発音からで「未翻訳コンテンツ」を指す。「生图」は「杀手」以外にも、「能打（戦える）」とも組み合わされ、「戦闘力が高くどんな状況でも耐えられる」という意味。

例文

从身材到颜值都赢麻了，真不愧是生图杀手。
Cóng shēncái dào yánzhí dōu yíng má le, zhēn búkuì shì shēngtú shāshǒu.

スタイルから顔面まで優勝、
さすがフォトショいらずの無加工キラー。

建国するほどのビジュ(アル)

盛世美颜 [shèngshì měiyán]

例文

盛世美颜，一见倾心，再见倾城，三见倾国。
Shèngshì měiyán, yí jiàn qīng xīn, zài jiàn qīng chéng, sān jiàn qīng guó.

建国するほどのビジュ、一度(ひとたび)見れば心が傾き、
二度(ふたたび)見れば城も傾き、三度(みたび)見れば国まで傾く。

将来有望

未来可期 [wèilái kěqī]

例文

\#美声合唱\# 在电视上偶然看到，
\#Měishēng héchàng\# Zài diànshì shang ǒurán kàndào,

○○的唱功也太棒了吧，才18岁，真是未来可期！
○○ de chànggōng yě tài bàngle ba, cái shíbā suì, zhēnshí wèilái kěqī!

\#美声デュエット　テレビで偶然見たけど、
○○の歌唱力ヤバすぎ！　まだ18歳なのに将来有望！

カリスマ

卡里斯马 [kǎlǐsīmǎ]

例文

第一次见到我推，切身感受到了她卡里斯马的魅力。
Dì yí cì jiàndào wǒtuī, qièshēn gǎnshòudào le tā kǎlǐsīmǎ de mèilì.

推しとの生対面で、彼女のカリスマ性を思い知らされた。

魅力の宝庫

宝藏男孩 [bǎozàng nánhái]

「掘れば掘るほど新しい魅力が見つかる推し」を指す。「宝藏女孩」や「宝藏○○」の形で物に対しても問題なく使える。比較的新しい表現で、一説ではアンチ発の言葉で、本来は揶揄するニュアンスだったが、現在は良い意味で使うことがほとんどだ。多く使われていくうちに、プラスの意味に変わるのは中国のネット用語の一つの特徴である。

例文

我宝真是**宝藏男孩**，不仅是唱作人，在艺术上也颇有造诣。
Wǒbǎo zhēnshi bǎozàng nánhái, bùjǐn shì chàngzuòrén, zài yìshù shang yě pō yǒu zàoyi.

推しは**魅力の宝庫**だ、シンガーソングライターとして
活躍しているだけでなく、アートにも造詣が深い。

万能エース

全能ACE [quánnéng ace]

「圧倒的な実力を持ったグループのエース」を指す。近年のサバ番の影響で、アイドル自身がグループ内のポジションを意識し始め、ファンも「最強舞担 [zuì qiáng wǔdān]（最強ダンス担当）」「大vocal [dà vocal]（ザ・ボーカル）」など、布教時に推しの強みを強調する傾向がある。なかでも、どんな役割も完璧にこなせる「全能ACE」は推しを最も持ち上げる語彙だ。

例文

#△△组合唯一门面# #○○唱跳rap全能ace#
#△△ zǔhé wéiyī ménmiàn# #○○ chàng tiào rap quánnéng ace#
[20221219]官方推特搬运
[20221219] Guānfāng Tuītè bānyùn.

#△△グループ代表格　#ボーカルもダンスもラップもこなせる
万能エース　[20221219]公式ツイッター投稿転載

COLUMN

2

中国アイドル文化の誕生と成長
── 検閲・規制と推し活

そこそこのインターネット老人である筆者は、ネット上で流行りの言葉やネタを押さえているつもりだったが、2015年頃、中国のアイドルにハマったのをきっかけに「推し活」とやらを始めると、ファンが使う言葉を全く理解できないことに大変ショックを受けた。衝撃的な体験が相次ぎ、そこから猛勉強してわかったのは、中国のアイドルオタクのSNS活動は、日本や韓国のアイドル文化からの影響を大きく受けている一方、「中国独自のネット文化」や「規制という大人の事情」によって、独自な生態と化した若者文化の代表格だということだった。中国出身の筆者でもこんな体験があったのだから、中国オタクや中国アイドルになんとなく興味があるが、言語以上の壁にぶつかって、とっつきにくいと感じる方は少なくないはずだ。

このコラムでは「中国アイドル文化」の概要を紹介する。中国におけるポップカルチャーの始まりは1980年代までさかのぼれるが、本コラムでは今日の若者文化を形成した2000年以降の出来事にフォーカスしたい。今後、難解な中国エンタメ界

COLUMN

2

隈の怪現象を目の当たりにした時に、これらの情報によって少しでも俯瞰的な理解が進むと幸いだ。

中国における3つのアイドルブーム

❶ 2004～2009年：第1次アイドルブームはテレビから

　初めて社会現象レベルのアイドルブームを作り出したのは、2000年代にアメリカのリアリティーショー『アメリカン・アイドル』をリメイクした『超級女声』(湖南テレビ)だ。視聴者の投票で人気順位が決まり、上位は歌手デビューが約束される。斬新な仕組みで若者から絶大な支持を受けていたが、携帯電話の有料ショートメールで投票するため、大金を注ぎ込む若者が続出。世間から批判が相次ぎ、政府も動き出して有料投票の禁止や番組数を制限し、この仕組みはわずか数年で終了した。

　当時中国ではテレビが全盛期を迎え、国営の「中国中央テレビ（CCTV）」が絶対的な存在だったが、地方局も存在感を増す一方だった。「湖南テレビ」はスポンサーを付けてプロモーションにも力を入れるなど、民放の考え方を取り入れて成功を収め、若者がアイドルや大衆文化に対していかに渇望していたかを証明した。第1次ブームが作り上げたアイドル像は、「カリスマ性ある国民的歌姫」そして「数万人に勝ち抜く圧倒的な実力」が必須条件で、これがこの時代に誕生したアイドルたちが今日に至るまで第一線で活躍する理由の一つとなった。

❷ 2010～2013年：中国アイドルの"暗黒時代"

『超級女声』以降もテレビ局主催のオーディション番組は長らく放送されたが、視聴者が選出するものは少なく、社会現象を巻き起こすほどの番組は生まれなかった。この"暗黒時代"に少しずつ勢力を伸ばしたのが韓国・日本のアイドル文化だが、中

国に伝播した経路やファン層は異なる。日本の「韓流ブーム」と似たように、2012年頃まで中国のテレビ局は韓国ドラマの火付け役だったが、外国作品の放送規制が厳しくなり、動画配信サイトがメインの担い手となった。K-POPの人気に至っては、テレビ局はほとんど機能しておらず、ネットやSNSが大きな力を果たした。一方、日中関係は変動が激しく、1980年代の日中蜜月期以後、テレビ放送は韓国と比べて圧倒的に少なく、日本文化の情報拡散やファンの交流はインターネットが主戦場となった。「オタク文化」や「ポップカルチャー」の延長で、日本のアイドル文化を知りハマった人が非常に多く、日本でも度々話題になったAKB総選挙の「中華砲」はその代表例である。

この間、中国のアイドル文化は停滞したが、日韓アイドル文化の輸入によって、「アイドルとはファンに夢を与える存在」、「ファンはアイドルの夢を実現させるための存在」という定義が中国で確立したことは非常に重要である。K-POPアイドルは長い下積みによって、デビュー時から圧倒的なスキルを持ち、日本のアイドルは愛嬌に重きが置かれ、ファンに寄り添う・ファンが育成する存在だという印象も中国に根付いた。アイドル文化"リテラシー"の向上は、その後の中国アイドルブームを作り出す際の土台となった。

❸ 2014〜2017年：中国発アイドルグループが台頭

2010年代、再びアイドルの社会現象を作ったのは、地方・重慶に本社を置く弱小無名事務所「時代峰峻」および所属少年アイドルグループ「TFBOYS」だ。素人同様の練習生時代からSNS上に動画を投稿し、予算が無い中、プロデューサーはミニドラマやネット番組を制作した。これらはアイドル好きの心をぐっと掴み、魅了されたファンは、彼らがもっと大きい舞台で輝けるようあらゆる手段を使って応援し、TFBOYSもファンの

期待に応え、着実に国民的アイドルへの道を歩んだ。

　当時、中国のスマートフォン普及率は年々加速し、新しいインターネットサービスが日々登場していた。ファンを巻き込む情報発信を早い段階で確立できたことが、TFBOYS成功の鍵だと考えている。強力なプレイヤーが多数参入する現在、彼らの成功はなかなか再現できないが、**中国発アイドルの価値と中国アイドルビジネスのポテンシャルを浸透させたTFBOYSの功績**は大きい。「初の国産少年グループ」という特殊な位置付けで、様々な界隈からファンを獲得したTFBOYSを機に、日韓アイドルの特徴を取り入れた「中国アイドル像」が作られ始めた。

❹ 2018〜2021年：再び規制に向かう第3次アイドルブーム

　アイドルビジネスへの注目が高まり、TFBOYSに次ぐヒットを各所が模索する中、韓国発のサバイバルオーディション番組『PRODUCE』シリーズは良いヒントとなった。2018年、大手動画配信サイト〈iQIYI〉はリメイク版『偶像練習生』を配信して大成功を収め、競合の〈騰訊視頻（テンセントビデオ）〉も同年『創造101』を配信し、中国全土が再びアイドルオーディション番組に熱狂した。3〜4ヶ月に及ぶ放送期間では、参加者同士のバトルや成長が追えるため、「养成选秀（育成型サバ番）」と呼ばれた。投票システムは『超級女声』の教訓を活かし、スポンサー商品に付いた投票権付きQRコードで投票するという"抜け穴"を利用した。2018〜2021年は、アイドル番組やアイドルの"量産"期間だといえる。そんな中、実力よりも伸びしろ、SNSや番組で話題作りできるか、投票チケットに置き換わる人気があるかが新しいアイドル像として求められた。アイドルの移り変わりは速まり、短期間で人気が爆発することで未熟さも露呈しやすくなり、不祥事も起きやすくなった。白熱する番組はファン同士のバトルを加速させ、2021年の投票券の買い占めに

通行止

通行止

よる「ミルク廃棄事件」（スポンサー商品）をきっかけに、オーディション番組や推し活には大きな規制がかかった。他の形式のバラエティには影響が無いものの、"アイドルの登龍門"であるオーディション番組での一発逆転は限りなく可能性が低くなり、第3次アイドルブームは終止符を無理矢理打つことになったが、この時形成されたアイドル像は今も継承されている。

中国式ファン文化の形成

変わり続けるファンのあり方

　中国での3次にわたるアイドルブームを作り出したのはテレビ局・動画配信サイトや芸能事務所だが、中国の独特なアイドル文化に「ファンの高い自発性」は不可欠だと考える。ファン文化はそれぞれの時代に異なる特徴を見せ、その特徴は「アイドル経済」の仕組みにも密接している。第1次アイドルブームの頃から、ファンは早くも自発的に「拉票（票を集める）」活動を行っていた。同地域内で集まることが多かったが、当時流行っていたネット掲示板での活動も見られた。特徴的なのは、早い段階で「推し名義のチャリティ活動」を始めていることで、のちに続く各後援会活動の基礎を作った。来る"暗黒時代"には韓国と日本の応援文化が多く輸入され、第2次アイドルブーム時に見事に反映された。第3次ではより大きな効果を発揮すべく、ファン組織はさらに強化され、人数の拡大だけではなく、役割分担が明確となった。

　ファンはもはや一方的に消費する存在ではなくなり、布教や購買によって推しを応援し、推しを作り上げる立場へと変化した。音楽番組や現場が日本や韓国ほど無く、円盤を発売する慣習も無い中国の現代のアイドルビジネスは、ファンによる「課金での支援」モデルに支えられている。クライアントが出資し

てアイドルが商品を宣伝し、ファンが商品を購入することで推しの起用チャンスが増える。「課金しない＝推しの仕事が無くなる」という危機感のもと、ファンには「私たちが頑張って推さなければ」「もっと効果的な推し方をしないとダメだ」という使命感も生まれ、このようなファンビジネスは、ときに「虐粉（ファン虐）」、「饭圈PUA（悪質なオタク洗脳）」と批判される。しかし、推し活を通してアイドルのキャリアパスに参画できたファンが得た情緒的価値、自己表現価値が過小評価されているのではないかとも考える。

変わり続けるファンの言葉

　言葉は世相を表すため、オタクが使う言葉は当然ながらアイドルブームと共に変化する。中国では数年単位でアイドル文化が大きく変わるので、言葉の入れ替わりや変化も激しい。ファンの言葉は、ファン同士の交流だけでなく、味方を識別して情報を"隠蔽"する機能も備えるため、通常の言葉より難解だ。今後も暗号は無限に生まれると思うが、ルール性が全く無いわけではない。よくある変化のパターンを以下にまとめたので、皆さんの"謎解き"に役立つと幸いだ。そして、ここまで紹介してきた中国のアイドルブームの背景は、隠語やルールを解読するための"翻訳こんにゃく"ではないが、言葉がなぜそのように変化したかをより理解するための重要な補助ツールとなるだろう。

●発音の変化

元々は方言の影響だと考えられるが、ネット上で面白がられて拡散されていくうちにそのまま定着した。よくあるのは、以下2つのパターン。

①子音の発音変化：zh/ch/sh→z/c/s（例：不戳 [bú chuō] / 不错 [bú cuò]）、ng→n（例：朋友 [péngyou] / 盆友 [pényou]）

②漢字2字の発音を1字に結合（例：这样子［zhè yàng zi］→酱紫［jiàng zǐ］）、漢字1字の発音を2字に分解（例：丑［chǒu］→吃藕［chī ǒu］）

●当て字の使用
規制・検索避けのために昔から使われる技法で、発音が同じである別の文字（漢字に限らず、数字・絵文字など）に置き換える。第4章で取り上げた多くの言葉がこれに当てはまる。

●言葉の省略
ピンインを略す場合は頭文字からとることがほとんど（例：队友［duìyǒu］→dy）で、漢字の三字熟語・四字熟語化は元の単語やフレーズを知っていないと難しい（例：爷的青春回来了→爷青回）。前者は第4章「頭文字省略」（p.206）、後者は第2章「コメントでよく見る言葉」（p.80）で取り上げている。

●言葉の分解
漢字を偏旁冠脚で分解する技法で、当初は規制・検索避けのためであった。本書ではあまり取り上げていないが、日本のネット上にも共通する言葉遊びで、「神→ネ申」のように見ればわかるパターンが多い。中国SNSでは「购买→贝勾买（購入）」「赠送→贝曽送（プレゼント）」などがある。

●他の言語からの借用
日本語や韓国語、英語からの借用。日本語は漢字をそのまま使い、韓国語は中国語に訳してから表現として定着させる傾向がある。英語は元の表記を保つか、当て字を使う場合が多い。4章の「韓国由来（K-POP）」（p.170）、「日本由来（アニメ・マンガ）」（p.177）で取り上げている。

第 **2** 章

布教、コメント、交流…
場面に応じたフレーズ

公式アカウントの告知投稿や
動画のコメント欄によく登場する言葉、
ファン仲間との交流やグッズ交換に役立つ言葉、
そして推し活の醍醐味である現場関連の用語など、
推しの情報を収集するうえで、
知っておくと便利な言葉を集めました。

所属事務所、運営

102

公司 [gōngsī]

例文

○○是国内少有的采取日系爱豆养成模式的艺人公司。
○○ shì guónèi shǎo yǒu de cǎiqǔ rìxì àidòu yǎngchéng móshì de yìrén gōngsī.

○○事務所は中国国内では珍しく
日本のアイドル育成モデルを取り入れている芸能**事務所**だ。

ファンクラブ

103

后援会 [hòuyuánhuì] hyh

例文

后援会在正主上节目时,
Hòuyuánhuì zài zhèngzhǔ shàng jiémù shí,

总会给节目组和工作人员准备伴手礼。
zǒnghuì gěi jiémùzǔ hé gōngzuò rényuán zhǔnbèi bànshǒulǐ.

推しが番組に出演する度に、
ファンクラブはテレビ局やスタッフに差し入れを用意している。

個人事務所、スタジオ

工作室 [gōngzuòshì]

英語の「Studio」からで、「(芸能人の)個人事務所」を指す。日本では事務所の存在感が強いが、中国では芸能人がまず前面に立つ。一部のファンから見れば、事務所は推しの人気を搾取しているだけなので、推しの独立(=「个人工作室」の設立)を日々望む。売れている若手芸能人ほど芸能事務所を経て、個人事務所を成立するキャリアパスが中国では確立されている。

例文

公司那边主要发组合的消息,
Gōngsī nàbiān zhǔyào fā zǔhé de xiāoxi,

她个人的演出信息都是工作室在发。
tā gèrén de yǎnchū xìnxī dōu shì gōngzuòshì zài fā.

所属事務所のほうはグループの情報をメインに流しているけど、
彼女の個人スタジオは個人の出演情報をマメに投稿してくれる。

中の人

皮下 [píxià]

他人の名義でSNSアカウントを運用する、他人になりすますことを「批皮 [pī pí](皮を被ること)」と言う。そこから派生した使い方で、日本語の「中の人」に当たる、SNSアカウントの運営者を「皮下(皮の下(中)にいる人)」と呼ぶ。注意してほしいのは、日本語の「中の人」から来た中国語「中之人」は「声優」「VTuberの中の人」を指す場合がほとんどということ。

例文

我推公司官博的皮下肯定是自己人,有些投稿真是太懂了。
Wǒtuī gōngsī guānbó de píxià kěndìng shì zìjǐrén, Yǒuxiē tóugǎo zhēnshi tài dǒng le.

推しの事務所の公式アカウントの中の人は、
こちらサイドな気がする。オタク心わかる投稿が多い。

素材／お仕事

资源 [zīyuán]

「ダウンロード・閲覧可能なコンテンツ」を指す。映画から教材にまで幅広く使え、動詞を付けて「求资源（コンテンツを共有して！）」などと言う。ファンは、推しや事務所が持つ「仕事、リソースや人脈」の意味でよく使う。「商务资源」はCM出演やアンバサダー等のクライアント仕事で、「自帯资源」は人脈や発信力によって「自ら仕事を勝ち取れること」を指す。

例文

因为上个参演作品大火，
Yīnwèi shàng ge cān yǎn zuòpǐn dàhuǒ,

我宝最近多了好多商业**资源**太让人骄傲了。
wǒbǎo zuìjìn duōle hǎoduō shāngyè zīyuán tài ràng rén jiāo'ào le.

この前出演した作品がヒットしたので、
最近推しはアンバサダー**仕事**が増えて誇らしい。

○○様

亲 [qīn]

ECサイト〈淘宝〉発の言葉。サポート担当が客を呼ぶ際によく使うため広がった。英語の「dear customer」からではないかと推測している。オンライン上で、距離感がわからない相手に親切な態度を示したい時に使える。「亲」は15年以上使われ続けていて、少し新しさを出したければ〈TikTok〉と〈快手〉発の「家人们」（家族たち）や「老铁（仲間たち）」を使うとよい。

例文

亲，您购买的商品今日发货了哦。
Qīn, nín gòumǎi de shāngpǐn jīnrì fā huò le ò.

○○様、ご購入された商品を本日発送いたしました。

番組一同、番組スタッフ

节目组 [jiémùzǔ]

例文

节目组的后台日记好评如潮。
Jiémùzǔ de hòutái rìjì hǎopíng rú cháo.

番組スタッフの楽屋裏vlog(video blog)が大ウケだ。

ハイライト

高光时刻 [gāoguāng shíkè]

例文

我觉得今天他打得还不错，有很多高光时刻，
Wǒ juéde jīntiān tā dǎ de hái búcuò, yǒu hěn duō gāoguāng shíkè,

比赛难免有失误，好好复盘就行！
bǐsài nánmiǎn yǒu shīwù, hǎohǎo fù pán jiù xíng!

今日の彼は好プレーだった。ハイライトもあったし、
ミスは仕方ないけど、しっかりと反省会をやればよろし！

独占インタビュー

专访 [zhuānfǎng]

例文

优酷× @△△大电影官博
Yōukù ×@△△ dàdiànyǐng guānbó

[专访]时隔10年重新合体，○○感叹"这次合作是命中注定"
[Zhuānfǎng] Shí gé shí nián chóngxīn hétǐ, ○○ gǎntàn "Zhè cì hézuò shì mìngzhōng zhùdìng".

Youku× @△△劇場版公式
[独占インタビュー]10年ぶりの共演に○○感激「まさに運命」

ビハインド、メイキング

彩蛋 [cǎidàn]　花絮 [huāxù]

「花絮」は「メイキング映像・NG集」の意味で昔から使われ、「彩蛋」も同じ意味だったが、伏線込みの後日談やおまけ映像をマーベル映画がエンドロール後に付けたのがきっかけで、小ネタを「彩蛋」と呼ぶのが定着。なお、アニメのエンドロール後の「Cパート」は「正片（本編）」と一般的に呼ばれ、日中でオタクの感覚は共通している。

例文

比起正片还是**花絮**更有趣，能看到成员们私下的表情。
Bǐ qǐ zhèngpiàn háishi huāxù gèng yǒuqù, néng kàndào chéngyuánmen sīxià de biǎoqíng.

本編よりビハインドのほうがメンバーの素の表情が見れて面白い。

高画質

高清 [gāoqīng]

「ハイビジョン」の意味だが、SNS上では「高画質」「高解像度」の意味でほとんど使われる。さらに上に「超清 [chāoqīng]」もある。画質が悪い場合は、名詞の「渣画质（カス画質）」か形容詞の「糊（くっきりしない）」を使うとよい。「画质感人」という表現もよく使われるが、「高清すぎて感動」「渣画质すぎて逆に感動」のどちらにもとれるので、文脈確認が必要。

例文

这个站子上传了活动的**高清**视频，真是太感谢了。
Zhège zhànzi shàngchuánle huódòng de gāoqīng shìpín, zhēnshi tài gǎnxiè le.

このファンアカウントは、
撮影したイベント映像を高画質で上げてくれるので感激だ。

18

双方向、参加型／やり取り

互动 [hùdòng]

元々は「相互作用」「影響し合う」の意味だが、IT・ネット用語では「双方向のコミュニケーションが可能な」「参加型」を指す。オタク界隈だと(オンラインやオフラインにかかわらず)推しと交流可能な機会を表す。または推しCPに何かしらのやり取りが発生することも指す。その範囲は非常に広く、対面や共演のみならずお互いの投稿に反応するだけでも立派な「互动」だ。

例文

这个节目有观众**互动**环节，非常有趣。
Zhège jiémù yǒu guānzhòng hùdòng huánjié, fēicháng yǒuqù.

この番組は視聴者**参加型**のコーナーがあってとても面白い。

リプ返

翻牌 [fān pái]

「翻牌」は本来、古代の皇帝が夜をともに過ごす相手を選ぶ際の「後宮の嬪妃たちの名札(牌)をひっくり返す(翻)行為」を指す。SNSではほとんどの場合「自分のアクションに、推しが何らかの反応をしてくれたこと」を指す。例えば推しからリプ返(リプライで返事)をもらう、贈ったプレゼントを使ってくれるなど。受け身(「被翻牌(選ばれた)」)で多く使われる。

例文

评论了几十条终于被**翻牌**，活着就是为了这一刻！
Pínglùnle jǐ shí tiáo zhōngyú bèi fān pái, huózhe jiùshì wèile zhè yíkè!

これまで何十回もコメントして初めて**リプ返**来た。
生きててよかった！

推しとお揃い

打卡 [dǎ kǎ]

「タイムカードを押すこと」を表す「打卡」は、ネットでは「念願の何か
をやり遂げた」の意味で、「推しとお揃い」や「圣地巡礼 (p.180)」を示す。
同じアイテムをゲット、同じ場所に行く、推しが宣伝した物を購入する等
はどれも「打卡○○」で表現可能。ファッションアイテムには「同じブラン
ドやデザインの着用」を意味する「同款 [tóngkuǎn]」もよく用いられる。

例文

打卡了我推在SNS上发过的咖啡厅，还get了同款拍照姿势。
Dǎ kǎle wǒtuī zài SNS shàng fāguò de kāfēitīng, hái getle tóngkuǎn pāizhào zīshì.

推しがSNSに投稿していたカフェで、
同じアングルの写真を撮ってきた。

口約束

画饼 [huàbǐng]

「絵に描いた餅で飢えをしのごうとするが、実際は空想によって自ら慰め
る」を意味する四字熟語「画饼充饥」から。「他人がビジョンを吹き込む
だけで全く約束を果たしてくれない」の意味で若者は使う。ここでの他人
は上の立場、特に上司の場合が多く、ファンは推しの所属事務所を指して
使うのがほとんどだ。動詞として使う場合は「给○○画饼」の形を用いる。

例文

公司在组合出道前高调宣布的团综计划
Gōngsī zài zǔhé chūdào qián gāodiào xuānbù de tuán zōng jìhuà
全都是在给粉丝**画饼**。
quán dōu shì zài gěi fěnsī huàbǐng.

グループのデビュー前に、事務所が声高々に宣言していた
冠番組プロジェクトはどれも**口約束**となっている。

総集編

盘点 [pándiǎn]

例文

这个今年高光**盘点**的饭制视频好棒，不看是损失。
Zhège jīnnián gāoguāng pándiǎn de fàn zhì shìpín hǎo bàng, bú kàn shì sǔnshī.

ファンがまとめた今年のハイライト**総集編**は優秀、
見なかったら絶対後悔する。

絶対見てね、絶対会おうね

不见不散 [bújiàn búsàn]

例文

#○○12月1日空降超话# 宝宝我们**不见不散**!
#○○ shí'èr yuè yī rì kōngjiàng Chāohuà# Bǎobao wǒmen bújiàn búsàn!

#○○12月1日ファンコミュニティに降臨
○○ちゃん、**絶対会おうね**!

ネタバレ

剧透 [jù tòu]

例文

为了节目效果，公司再三嘱咐参加点映会的粉丝们不要**剧透**。
Wèile jiémù xiàoguǒ, gōngsī zàisān zhǔfù cānjiā diǎnyǐnghuì de fěnsīmen búyào jù tòu.

放送を控えているので、事務所は再三にわたり、先行上映会に
参加したファンに「**ネタバレ**は絶対にやめて」と念を押した。

第**2**章 布教、コメント、交流……場面に応じたフレーズ

コメントでよく見る言葉

2-2

120

冲呀／冲鸭
Chōng ya / Chōng yā

行け行けーっ!!

121

活久见
Huó jiǔ jiàn

生きていれば会える

122

有内味了
Yǒu nèiwèi le

デジャブ、そんな感じがしてきた

123

破防了
Pò fáng le

それ以上は何も言うな

124

爷青回
Yé qīng huí

俺様の青春が帰ってきた

125

双厨狂喜
Shuāngchú kuángxǐ

掛け持ちファン歓喜

126

囍

Xǐ

(作品や供給に対して、結婚／カップル成立) おめでとう

127

开口脆

Kāikǒucuì

開始0秒で耳福

128

把〇〇打在公屏上／扣〇〇

Bǎ 〇〇 dǎ zài gōng píng shàng / Kòu 〇〇

(視聴者への呼びかけで) 〇〇とコメントして

129

我没了

Wǒ méi le

昇天した

130

终于等到你／〇〇

Zhōngyú děngdào nǐ / 〇〇

待ちかねた

131

封神

Fēng shén

優勝、殿堂入り

132

前方高能　※日本アニメの「前方から高エネルギー反応」が由来

Qiánfāng gāonéng

前方注意

133
不错子／绝绝子
Búcuòzǐ / Juéjuézǐ

良すぎる

134
杀疯了
Shā fēng le

オールキル（英語スラングの「slay」に近い）

135
意难平
Yì nán píng

納得いかない

136
3202年了　※西暦を逆さまに書く表現
Sān èr líng èr nián le

令和にもなって

137
比心
Bǐxīn

ハートポーズ

138
顶／up
Dǐng

上げる、うぷ

139
捧／踩
Pěng / Cǎi

あげ／さげ

140
撕
Sī

揉める

141
吹爆
Chuībào

激推し、贔屓にする

142
太炸了／炸裂全场
Tài zhà le / Zhàliè quánchǎng

（パフォーマンスなどが）炸裂／場を沸かす

143
〇〇值得　※〇〇は人名
〇〇 zhíde

〇〇にはそれだけの価値がある

144
爱了爱了
Àile àile

オタクホイホイ

145
指路〇〇／ ☞
Zhǐlù 〇〇

リンクはこちら、〇〇からどうぞ

146
靓仔／美女　※性別関係なく使用可能
Liàngzǎi / Měinǚ

イケメン／美女

布教・宣伝に使う言葉

チャート

147

排行榜 [páihángbǎng]

例文

○○的新单曲上线，连续三天摘得音源**排行榜**桂冠🏆。
○○ de xīndānqū shàngxiàn, liánxù sān tiān zhāi de yīnyuán páihángbǎng guìguān.

○○が新EPリリース、3日連続で音源**チャート**1位に🏆。

音源、音楽配信、デジタル音楽

148

音源 [yīnyuán]

例文

○○唱的主题曲好神！**音源**什么时候上线？好急！
○○ chàng de zhǔtíqǔ hǎo shén! Yīnyuán shénme shíhou shàngxiàn? Hǎo jí!

○○が歌うテーマ曲、神かよ！　いつ**音楽配信**するの？　そわそわ

新曲披露、初お披露目、宣伝

打歌 [dǎ gē]

「打歌」とは「新曲を宣伝するために、音楽番組で披露すること」を指す。その際に着るステージ衣装は「打歌服 [dǎgēfú]」とも呼ばれる。日本や韓国と比べて中国はステージが圧倒的に少なく、タレントの歌唱力やダンス力に事務所も注力しないため、ファンの不満の声がよく上がる。

 例文

单曲循环《○○》两天了，MV和**打歌**舞台都好喜欢!
Dānqǔ xúnhuán《○○》liǎng tiān le, MV hé dǎ gē wǔtái dōu hǎo xǐhuān!

「○○」を2日間延々リピート、
MVも**新曲披露**のパフォーマンスも好き!

（コンテンツの）**まとめ**

合集 [héjí]

合集は「コンテンツまとめ」という意味。文字や動画などコンテンツの形式によって、呼び方はいくつかあり、例えば推しだけを切り抜いた動画の場合、「○○合集」でも問題ないが、ファンは「○○cut」「○○纯享版 [chúnxiǎngbǎn]（厳選版）」のほうを好んで使う。曲の場合は「歌单 [gēdān]（プレイリスト）」、小説の場合は「汇总 [huìzǒng]（総まとめ）」がよく使われる。

例文

#好歌安利# 整理了一个前奏特别抓耳的歌曲**合集**
#Hǎo gē ānlì# Zhěnglǐle yí ge qiánzòu tèbié zhuā ěr de gēqǔ héjí

#布教プレイリスト
イントロから耳を鷲掴みする曲を**まとめ**ました

投票

打榜 [dǎ bǎng]　投票 [tóupiào]

例文

早起打榜! 睡前打榜! 为了○○, 冲冲冲!
Zǎoqǐ dǎ bǎng! Shuì qián dǎ bǎng! Wèile ○○, chōng chōng chōng!

朝起きたら投票!　夜寝る前に投票!
すべて○○のためだ、いざ行け!

ハウツー／○○のススメ

教程 [jiàochéng]

例文

线上应援教程
Xiàn shàng yìngyuán jiàochéng.

オンライン応援のススメ

○○はいかがでしょうか

了解一下 [liǎojiě yíxià]

例文

98年的○○了解一下?
Jiǔbā nián de ○○ liǎojiě yíxià?

是可盐可甜各种风格都能hold住的小狼狗!
Shì kě yán kě tián gè zhǒng fēnggé dōu néng hold zhù de xiǎolánggǒu!

98年生まれの○○はいかがでしょうか?
クール系でもかわいい系でも馴染んでしまうわんこ系男子!

布教

安利 [ānlì]

勧誘型ビジネスを展開する企業アムウェイの中国語名が元ネタ。アムウェイ会員が周りの人に「アムウェイって知ってる?」と声をかける姿が、推しを布教するオタクとそっくりだということから、布教のイメージが定着した。動詞「卖 (売る)」と「吃 (食べる、受け入れる)」と組み合わせる。前述の「了解一下」もアムウェイの人がよく使うフレーズでネタ化された。

例文

让我来给你好好**安利**一下这位吃CD长大的大主唱!
Ràng wǒ lái gěi nǐ hǎohǎo ānlì yíxià zhè wèi chī CD zhǎng dà de dàzhǔchàng!

口から音源、史上最強のわれらがボーカルについて
全力で**布教**させてください!

一斉投稿

控评 [kòng píng]

「コメント (评论) をコントロール (控制) する」の略で、アンチコメを下げたりトレンドの順位を"操作"するために、意図的に応援コメントを一斉投稿することを指す。同じコメントが短期間に大量投稿されて情報の可読性が下がるので、一般人の顰蹙(ひんしゅく)を買う行為だ。ファンにとって悪評は推しに対するリスクであり、ほとんどの後援会はアンチ対策班を設けている。

例文

@all 姐妹们这个营销号发黑料,有没有人一起**控评**啊!
@all jiěmèimen zhège yíngxiāohào fā hēiliào, yǒuméiyǒu rén yìqǐ kòng píng a!

@all このまとめサイトがデマを流してるので、
みんなで正しい情報を**一斉に投稿**しよう!

ビジネススキル／アイドルスキル

业务能力 [yèwù nénglì]

「业务能力」は元々ビジネススキルという意味だが、今は広く「その人が従事している仕事に必要なスキル全般」を指す。アイドルの場合、「唱功(歌唱力)」や「舞蹈能力(ダンスカ)」「演技(演技力)」などが必要とされている。推しのアイドルスキルを褒めたい時は「有业务能力(アイドルスキルがある)」または「业务能力强(アイドルスキルが高い)」を用いる。

例文

宝宝的业务能力真是吊打内娱的，放韩娱日娱也是不逊色的！
Bǎobao de yèwù nénglì zhēnshì diào dǎ nèiyú de, fàng Hányú Rìyú yě shì bú xùnsè de!

推しのアイドルスキルは大陸エンタメ界隈では圧倒的すぎるっしょ。韓国や日本のアイドルと比べても全然遜色ない！

玄関口となるビジュアル担当

门面 [ménmiàn]

商店のおもてを指し、転じて「外観、見かけ」を意味する。ファンの中で使われる際は「○○グループの顔・代表格」というニュアンス。よく使う組み合わせは「唯一门面(唯一の顔)」「官方门面(公式認定の代表格)」だが、布教のための自発的な呼び方で公認とは限らない。「门面」とよく組み合わせる動詞は「撑 [chēng]」で、「支えて持ちこたえる」の意。

例文

宝宝的新发色绝绝子，韩国女团门面的既视感。
Bǎobao de xīnfàsè juéjuézǐ, Hánguó nǚtuán ménmiàn de jìshìgǎn.

推しの新しい髪色が良くて困る、
K-POP女性グループのビジュアル担当のような既視感がある。

神対応／塩対応

甜／盐 [tián / yán]

「盐（塩）」はご存知の通り、元AKBのぱるる（島崎遥香）の握手会での「塩対応」が元ネタで、ファンサービスが熱心でないアイドルに対して使う。中国語では「盐对应」か、略語の「盐」を使うことが多く、「盐系爱豆」は「クール系アイドル」の意。中国語でも「神対応（神对应）」を見かけるが、クールの対義語は「甜」（かわいい、スウィーティ）のほうがずっと多い印象。

例文

签名会上宝宝神对应的视频 了，直接带飞全团。
Qiānmínghuì shàng bǎobao shénduìyìng de shìpín huǒ le, zhíjiē dài fēi quántuán.

サイン会での推しの神対応動画がバズって、
グループ全体の知名度が上がった。

男前、男気／可愛らしい、バブい

A／O

英語圏発の同人設定・オメガバースで使われる「アルファ」と「オメガ」から。階級社会や両性具有といった特殊な設定だが、中国SNS上（特にアイドル界隈）では性的要素がかなり薄まり、Aは「強気で男前」、Oは「弱気で可愛らしく、庇護欲を誘う」のニュアンスを持つ。布教目的でオメガバース世界観の同人作品が広まるにつれて、言葉が独り歩きしたと考えられる。

例文

为了迎合cool的曲风这次造型特别A，
Wèile yínghé cool de qǔfēng zhè cì zàoxíng tèbié A,

首页所有姐妹看了图透都在打滚尖叫。
shǒuyè suǒyǒu jiěmèi kànle tú tòu dōu zài dǎgǔn jiān jiào.

クールな楽曲に合わせた今回のスタイリングは、
とても男前でタイムラインは悲鳴で溢れかえっていた。

褒め倒す

彩虹屁 [cǎihóngpì]

直訳は「虹色のおなら」だが「推しを褒め倒すこと」や「褒めるフレーズ」そのものを指す。日本でアイドルがうんこをしないとされるように、中国にも「アイドルはおならまで虹色」という言い方があり、由来とされているが、個人的には「拍马屁（ごまをする）」という言葉の影響もあると思う。褒め倒しに近い「褒め殺し」は「捧杀」で、「捧」は「おだて上げる」の意。

例文

同担的太太真的好会**彩虹屁**，
Tóngdān de tàitai zhēn de hǎo huì cǎihóngpì,

我语言匮乏只会说好帅好美ＴＴ
wǒ yǔyán kuìfá zhǐ huì shuō hǎo shuài hǎo měi.

同担のファンたちは本当に**褒め上手**、
私はかっこいい美しいしか言えない語彙力皆無のオタクＴＴ

キャラ、キャラ設定

人设 [rénshè]

元々アニオタに使われていた言葉で、「キャラクター設定」を意味する「人物设定」を略した表現。アイドル界隈では、ファンを増やす目的で「（本来持っていない属性やスキルを盛って）キャラ作りする」の意味で使われることが多く、ややマイナスなニュアンスを持つ。派生語の「人设崩塌（キャラ崩壊）」は「（不祥事で）今まで維持してきたキャラが崩壊したこと」を指す。

例文

我推新剧的**人设**好讨喜，才播了几集就收获了一堆新粉。
Wǒtuī xīnjù de rénshè hǎo tǎo xǐ, cái bōle jǐ jí jiù shōuhuòle yì duī xīnfěn.

新ドラマの推しの**キャラ設定**が良い感じ、
まだ数話の放送なのにハマった新規ファン続出。

（人を）惹きつける、ファンにさせる

吸粉 [xīfěn]

例文

哥哥路人缘真的很好，自带**吸粉**体质！
Gēge lùrényuán zhēn de hěn hǎo, zì dài xīfěn tǐzhí!

推しは一般向け好感度が本当に高く、人を惹きつける体質だ！

ポジティブなエネルギー、良いお手本

正能量 [zhèngnéngliàng]

例文

她一直非常努力，好喜欢她给我带来的**正能量**。
Tā yìzhí fēicháng nǔlì, hǎo xǐhuān tā gěi wǒ dàilai de zhèngnéngliàng.

頑張り屋の彼女の姿はいつも私の良いお手本として、
背中を押してくれる。

パフォーマンス

舞台 [wǔtái]　舞蹈版 [wǔdǎobǎn]

例文

#b站百万**舞台**达成# 恭喜wuli○○的**舞台**在b站喜提百万播放！
#bzhàn bǎi wàn wǔtái dáchéng# Gōngxǐ wuli ○○ de wǔtái zài bzhàn xǐ tí bǎi wàn bōfàng!

#ビリ動ミリオン再生達成　うちの○○ちゃんの
パフォーマンス動画、ビリ動でめでたく100万再生達成！

2-4

ファンの交流、グッズ交換で役立つ言葉

トレカ（トレーディングカード）

165

小卡 [xiǎokǎ]

例文

收全员小卡!
Shōu quányuán xiǎokǎ!

全員分のトレカを集めています！

プリクラ

166

大头贴 [dàtóutiē]

例文

p了几张大头贴风头像，欢迎随意抱走!
Ple jǐ zhāng dàtóutiē fēng tóuxiàng, huānyíng suíyì bào zǒu!

プリクラ風にアイコンを加工してみたので、ご自由にどうぞ！

92

バッジ

吧唧 [bājī]　徽章 [huīzhāng]

例文

△△社这次新吧唧, 台纸是樱花形状,
△△shè zhè cì xīn bājī, táizhǐ shì yīnghuā xíngzhuàng,
颜色也超级粉嫩, 太适合我家〇〇了!
yánsè yě chāojí fěn nèn, tài shìhé wǒ jiā 〇〇 le!

今回△△社の新しい缶バッジ、
台紙は桜の形だし、かわいいピンクだしうちの〇〇にピッタリだ!

（付属品をすべて抜き取った）CDアルバム

裸专 [luǒzhuān]

例文

出限定盘, 裸专官方无配置。
Chū xiàndìngpán, luǒzhuān guānfāng wú pèizhì.

限定CD譲ります!　付属品はすべて付いていないアルバムです。

特典

特典 [tèdiǎn]

例文

这次的初回特典也太豪华了! 不买会后悔一辈子!
Zhè cì de chūhuí tèdiǎn yě tài háohuá le! Bù mǎi huì hòuhuǐ yíbèizi!

今回の初回特典はかなり豪華!　買わないと一生後悔!

アクスタ

立牌 [lìpái]

例文

最近迷上带我宝的**立牌**到各处旅游。
Zuìjìn mí shàng dài wǒbǎo de lìpái dào gè chù lǚyóu.

アクスタを引き連れて各地に遊びに行くのがマイブームです。

スローガン

手幅 [shǒufú]

例文

安可后最后一首歌的时候，大家一定要记得举**手幅**呀！
Ānkě hòu zuìhòu yì shǒu gē de shíhou dàjiā yí dìng yào jìde jǔ shǒufú yā!

アンコール後、最初の曲が流れたら、
みんなで**スローガン**を掲げてください！

フィジカルのCD

实体专辑 [shítǐ zhuānjí]

例文

#○○首张**实体专辑**# #开箱vlog#
#○○ shǒu zhāng shítǐ zhuānjí# #Kāi xiāng vlog#

没想到竟然发行了**实体专**! 开箱视频来啦!
Méi xiǎngdào jìngrán fāxíngle shítǐzhuān! Kāi xiāng shìpín lái la!

#○○1stフィジカルアルバム　#開封動画
珍しくフィジカルでCDがリリースされた！　開封動画をどうぞ！

ぬい（ぐるみ）

娃娃 [wáwa]　〇〇娃 [〇〇 wá]

例文

照我推以前穿过的衣服给娃做了个娃衣。
Zhào wǒtuī yǐqián chuānguo de yīfu gěi wá zuòle ge wáyī.

推しが着ていた衣装をぬい用に自作した。

痛バッグ　大量の推しのグッズでデコったバッグ

痛包 [tòngbāo]

例文

痛包要怎么扎啊？ 萌新求教程。
Tòngbāo yào zěnme zhā a? Méngxīn qiú jiàochéng.

痛バってどうやってアレンジするの？　初心者なので教えて下さい。

求／譲

收／出 [shōu / chū]

例文

收 2020~2022年的夏日生写／
Shōu èr líng èr líng dào èr líng èr èr nián de xiàrì shēngxiě /

出 限定版小卡（全身）
Chū xiàndìngbǎn xiǎokǎ (quánshēn)

求　2020～2022年のサマー生写真／譲　限定版トレカ（全身）

ペンライト

荧光棒 [yíngguāngbàng]

ペンライトを使ったオタ芸である日本のコール由来の「打call」は、2017年に中国のネット流行語に選出され今も使われている。アイドルビジネスが注目された当時、日本独特の現場文化、コールを打つことを「応援」そのものとして複数メディアが紹介。そのせいか「打call＝応援」のイメージが定着。「为○○打call」は「○○を応援している」と理解してよい。

例文

全场一片荧光棒的蓝海，看得人热泪盈眶。
Quán chǎng yípiàn yíngguāngbàng de lánhǎi, kàn de rén rèlèiyíngkuàng.

ペンライトの青い光で彩られたコンサート会場を見て涙が出た。

積む

刷 [shuā]

「刷」は万能な動詞で、ネットで使われる際には「同じ動作や行動を素早く行う」を表す。例えば、「タイムラインを巡回すること」は「刷首页」と言い、「同じものを大量に購入して売り上げること」も「刷销量」と言う。他に女性ファンも普通に使う「艹销量（「艹」は「fu*k」の伏字）」があるが、語源がやや下品なため、どうしても語感を強めたい時のみ使ってよいかも。

例文

恭喜我推solo出道！ 总之先刷个100盘！
Gōngxǐ wǒtuī solo chūdào! Zǒngzhī xiān shuā ge yìbǎi pán!

ソロデビューがめでたいので、とりあえず100枚積んでおこう。

予約販売

预售 [yùshòu]

例文

今年巡演的DVD**预售**开始啦！大家冲啊！
Jīnnián xúnyǎn de DVD yùshòu kāishǐ la! Dàjiā chōng a!

今年のツアーDVDの**予約販売**を受け付けてるんだって！
みんな急げー！

○○をお迎え

接回家 [jiē huí jiā]

例文

现货只剩最后一个了，立刻下手把宝宝**接回家**！
Xiànhuò zhǐ shèng zuìhòu yīgele, lìkè xiàshǒu bǎ bǎobao jiē huí jiā!

在庫がラスワンだったので、すぐさま**お迎え**しちゃいました！

共同購入

团购 [tuángòu]

例文

想刷个人专辑销量的话，可以从大吧**团购**下单。
Xiǎng shuā gèrén zhuānjí xiāoliàng dehuà, kěyǐ cóng dàbā tuángòu xiàdān.

推しの売上枚数に貢献したいなら、
後援会が取りまとめている**共同購入**から買うという手がある。

181 代理購入／共同購入しませんか?

代吗 [dài ma]　**拼吗** [pīn ma]　**团吗** [tuán ma]

例文

一起买的话运费可以便宜一些, **团吗**?
Yìqǐ mǎi dehuà yùnfèi kěyǐ piányi yìxiē, tuán ma?

送料がお得になるので、まとめて買いませんか?

182 会場販売／通販

场贩／通贩 [chǎngfàn / tōngfàn]

例文

太好了, 这次场贩结束之后还有**通贩**!
Tài hǎo le, zhè cì chǎng fàn jiéshù zhīhòu hái yǒu tōngfàn!

やったー!　今回会場販売が終わっても**通販**がある!

183 売り切れ

售罄 [shòuqìng]　**切** [qiē]

例文

不愧是人气角色, 谷子首日就**切**了。
Búkuì shì rénqì juésè, gǔzi shǒurì jiù qiē le.

さすが人気キャラクター、初日でグッズが**売り切れ**。

送料込み

包邮 [bāoyóu]

「包邮」は「送料込み」の意。派生してよく使われる地域ネタが「包邮区
[bāoyóuqū]（送料込みエリア）」で、これは「江浙沪」、つまり江蘇省・浙江省・
上海市を指す。この3エリアはECサイト発祥の地で、工業、物流共に発達
していて、送料込みでサービス提供が可能なのだ。ネットでよく使われる
地域ネタはたくさんあるので、興味があればぜひ探してみるとよい。

例文

出○○的cos服，半新，m码，200块包邮。
Chū ○○ de cosfú, bàn xīn, m mǎ, liǎngbǎi kuài bāoyóu.

○○のコスプレ衣装を譲ります。目立った傷なし、Mサイズ。
送料込みで200元。

○○好きと繋がりたい

扩列 [kuò liè]

「扩张（拡張）」と「关注列表（フォロー）」の略で、「相互フォローする人を
増やしたい」という意。Z世代発の非常に新しい表現。SNSでよく見かけ
る「#○○好きと繋がりたい」とニュアンスも使い方も同じで、通常自分
の属性と繋がりたいという意思を表明して、ハッシュタグを付けて投稿す
る。SNSに限らず、他にチャットツールなどに対しても使用可能だ。

例文

#二次元扩列# 喜欢看动画的阿宅一枚啊，
#Èrcìyuán kuò liè# Xǐhuan kàn dònghuà de āzhái yī méi a,

也喜欢一些日系爱豆，不拒同担！
yě xǐhuān yìxiē rìxì àidòu, bú jù tóngdàn!

#アニオタと繋がりたい　アニメ好きなオタクです！
日本のアイドルも好き！　同担拒否しません！

代理購入

代购 [dàigòu]

中国はネットショッピングがとても発達していて、ECサイトも購入形式も多様。「団購」や「代购」をはじめ、「海淘 [hǎitáo]（海外通販から直接購入）」「直播带货 [zhíbō dài huò]（ライブコマース）」などがある。ここ数年は、コロナの影響でオンライン対応の商品が拡大し、購入者が個人間で自発的に繋がって行う通販と代理購入を組み合わせた購入形式も注目されている。

例文

海淘太难了，还是找了代购。
Hǎi táo tài nán le, háishì zhǎole dàigòu.

海外のECサイトが複雑だったので、代理購入にお願いした。

カルチャー深掘り

中 国 の オ タ ク グ ッ ズ 事 情

　中国では、消費を通じて応援する推し活がここ数年ずっとブームで、さらにアートトイブームも相まって、グッズコレクションという趣味に対する理解度が高まった。いまや、中国のアニメやゲーム、アイドルなどのグッズのほとんどは、公式通販で比較的簡単に入手できる。もちろん、同人作家による通販やオタク同士のグッズ交換も盛んだ。日本の限定グッズを購入したい場合は、海外配送に対応する通販サイトであれば直接購入し、そうでない場合は公式の代理販売サービスを利用する人が多い。アリババ傘下の〈コアラ〉や日本グッズに特化した〈マサドラ〉が代表的だ。オークションサイトや中古ショップでグッズを購入したい時は、どうしても「代理購入（代购）」を経由する必要がある。送料や購入の手間を削減するため、数人分のオーダーをまとめて買う「団購」という方法が主流だ。最小購入単位の「団」は、作品タイトルごとに招集されることが多く、招集をかける人は「団长（団長）」、グッズを買う人は「団员（団員）」と呼ばれる。実際、団長自身が一番のグッズオタクで、大量に買う場合が多い。ちなみに「谷子（グッズ）」が中国語では穀物という意味から、食べることに関連する表現が多い。例えば、「グッズを買うこと」は「吃谷（穀物を食べる）」、グッズの購入個数のことは「食量（食べる量）」と言う。

ランダム封入／全〇種中〇種封入

随机 [suíjī]／〇随〇 [〇suí〇]

ランダム商法は元々、日本のグッズを集めるオタクにしか知られていない概念であった。2017年頃、中国メーカーPOP MARTがデザイナーズトイを「盲盒（ランダムボックス）」の形で販売して大ヒットし、一般的に知られるように。その後、他メーカーも真似し、「美妆 [měizhuāng] 盲盒（コスメランダム封入）」「汉服 [Hànfú] 盲盒（漢服ランダム封入）」といった形で続いた。

例文

赠品全都是**随机**的，不知道能不能抽到我宝！dokidoki
Zèngpǐn quán dōu shì suíjī de, bù zhīdào néngbunéng chōudào wǒbǎo! Dokidoki.

付属品はすべて**ランダム封入**なので、推しが引けるかドキドキ！

自引き

一发入魂 [yì fā rù hún]　出货 [chū huò]

語源はおそらく「一球入魂」からで、当初はゲーマーの間で「ワンパンチでKO」または「一撃で相手に巨大なダメージを与えるプレイ」を指した。現在SNSでは「欲しいカードやガチャが一発で引けたこと」も指す。「出货（出荷）」は元々「自分が欲しいかどうか関係なくレアカードやアイテムを引けたこと」を指すが、SNSでは「自引き」に近いニュアンス。

例文

今天运气爆棚，抽盲盒**一发入魂**！
Jīntiān yùnqì bàopéng, chōu mánghé yì fā rù hún!

本日はくじ運が爆上げ、BOXを開いたら一発で**自引き**できた！

無限回収

all(in) 凹 [āo]

「グッズのまとめ買い」に関する表現はいくつかある。まずは日本語の「ボックス買い」に当たる「抱盒 [bào hé]」で、箱ごと抱えて買うイメージ。もう一つは「all (in)」とその当て字の「凹」で、「推しのグッズが出たらとりあえず全部買う」というイメージ。「限られた点数の購入」であれば、「买（买う）」よりも「入（手）[rù (shǒu)]」「get」を使うとオタクっぽくなる。

例文

打算摆个谷阵，收○○all谷。
Dǎsuàn bǎi ge gǔzhèn, shōu ○○ all gǔ.

祭壇用に○○のグッズを無限回収してます。

念願の、ずっと夢見ていたグッズ

梦情 [mèngqíng]

「梦中情人 [mèngzhōng qíngrén]」の略で、「夢の中で見る恋人」と書いて「恋しい人・憧れる人」を指す。高額やレアなためなかなか入手できず、ずっと夢見ていたグッズに対して、ファンは「梦情」「梦情谷」と呼ぶことが多い。グッズ以外の物に対しては「梦中情○」の形で、「念願の○○」を表す。例えば、ずっと欲しかったバッグであれば「梦中情包」となる。

例文

我的梦情谷再贩啦! 官方GJ!
Wǒ de mèngqínggǔ zài fàn la! Guānfāng GJ!

ずっと夢見ていたグッズが再販される！ 公式グッジョブ！

ショップをハシゴする、漁る

扫街 [sǎo jiē]

「扫街」はぱっと見「地面を掃除する」の意味だが、「(中古グッズショップ
をはじめ)オタクショップを一軒ずつ徹底的に漁ること」を指す。「扫」は「対
象を走査的にチェックする」のニュアンスがある、オタクと親和性が高い
動詞だ。「扫文 [sǎo wén]」は、「大量のWeb小説をかたっぱしから読む」と
いう意味。なお「扫图 [sǎo tú]」は単なる「スキャンした画像」なので注意。

例文

想买同柄的吧唧扎痛包网上都没有,
Xiǎng mǎi tóng bǐng de bājī zhā tòngbāo wǎngshang dōu méiyǒu,

祈祷这周池袋扫街可以买到 。
qídǎo zhè zhōu chídài sǎo jiē kěyǐ mǎidào.

同じ柄のバッジを痛バッグに付けたかったが、どこの通販にもなく、
今週池袋で漁ってみる。絶対買えますように 。

日本ファン

樱花妹 [yīnghuāmèi]

「樱花」は「桜」、「妹」は妹ではなく「女の子」を指す。絵文字「🌸妹」
や伏字「yhm」の表記もあり、基本女性ファンの間でしか使われない。日
本・日本人への呼称はいろいろあり、漢字そのままはもちろん、発音由来
の「霓虹(金)[níhóng (jīn)]」やアニメ『コードギアス』由来の「11区」も
ある。桜は美しい花なので、樱花妹は総じて最も好意ある呼び方である。

例文

太羡慕在现场的樱花妹了 〇 。
Tài xiànmù zài xiànchǎng de yīnghuāmèi le.

現場にいる日本ファンにジェラシー……。

現場・イベント

ファンミーティング

193

粉丝见面会 [fěnsī jiànmiànhuì]

例文

粉丝见面会，又全都没抽中。
Fěnsī jiànmiànhuì, yòu quán dōu méi chōu zhòng.

ファンミのチケット、また全部落ちた。

コンサート

194

演唱会 [yǎnchànghuì]

例文

忙着做演唱会用的团扇。
Mángzhe zuò yǎnchànghuì yòng de tuánshàn.

コンサートに向けてうちわの作成に忙しい。

オンラインコンサート

线上演唱会 [xiàn shàng yǎnchànghuì]

例文

线上演唱会竟然也可以跟自己的荧光棒联动!
Xiàn shàng yǎnchànghuì jìngrán yě kěyǐ gēn zìjǐ de yíngguāngbàng liándòng!

オンラインコンサートなのに、
自分のペンライトと連動していてびっくり!

サイン会

签名会 [qiānmínghuì]

例文

努力用中文写了信,下次签名会上一定要亲手交给他。
Nǔlì yòng zhōngwén xiěle xìn, xià cì qiānmínghuì shang yídìng yào qīnshǒu jiāogěi tā.

頑張って中国語で手紙を書いてみたので、
絶対次のサイン会で渡そう。

チェキ

拍立得 [pāilìdé]

例文

据说买了写真集可以参加签名拍立得的抽奖!
Jùshuō mǎile xiězhēnjí kěyǐ cānjiā qiānmíng pāilìdé de chōujiǎng!

写真集を買えば抽選でサイン入りチェキが当たるらしい。

オンラインサイン会

线上／视频通话签名会 [xiàn shàng / shìpín tōnghuà qiānmínghuì]

例文

趁着线上签名会的机会，
Chènzhe xiàn shàng qiānmínghuì de jīhuì,

给喜欢小动物的我宝炫耀了我家的🐱。
gěi xǐhuan xiǎodòngwù de wǒbǎo xuànyàole wǒ jiā de māomāo.

せっかくのオンラインサイン会なので、
小動物好きな推しに我が家の🐱を自慢してきた。

接触イベント

粉丝线下活动 [fěnsī xiàn xià huódòng]　线下 [xiàn xià]

例文

今天的线下活动太紧张了都没能好好说话…。
Jīntiān de xiàn xià huódòng tài jǐnzhāngle dōu méi néng hǎohǎo shuōhuà….

今日の接触イベントは緊張しすぎて何も話せなかった…。

当日券

当天票 [dàngtiānpiào]　现场票 [xiànchǎngpiào]

例文

本来没买到票心灰俱灭，没想到竟然有现场票。
Běnlái méi mǎidào piào xīn huī jù miè, méi xiǎngdào jìngrán yǒu xiànchǎngpiào.

チケットが取れなくて諦めてたけど、
運よく当日券で参戦することになった。

前売り券

早鸟票 [zǎoniǎopiào]　预售票 [yùshòupiào]

例文

预售票开卖后1分钟就卖完了!
Yùshòupiào kāi mài hòu yì fēnzhōng jiù mài wán le!

発売1分で前売り券完売!

先行販売

202

早鸟开售 [zǎoniǎo kāi shòu]

例文

百老汇经典音乐剧《猫》早鸟开售啦!
Bǎilǎohuì jīngdiǎn yīnyuèjù《māo》zǎoniǎo kāi shòu la!

ブロードウェイミュージカルの名作「キャッツ」の
先行販売がスタート!

一般販売

203

正式开票 [zhèngshì kāipiào]

例文

就没在正式开票后买到过票。
Jiù méi zài zhèngshì kāipiào hòu mǎidàoguo piào.

一般販売でチケットを買えた試しがない。

二

章

布教、コメント、交流……場面に応じたフレーズ

101

本人確認

204

实名认证 [shímíng rènzhèng]

例文

为了打击黄牛，现在每个会场都严格实行实名认证。
Wèile dǎjī huángniú, xiànzài měi ge huìchǎng dōu yángé shíxíng shímíng rènzhèng.

転売を取り締まるために、どの会場でも本人確認が徹底されている。

初日公演

205

首站 [shǒuzhàn]

例文

今天是演出首站，可以感受到舞台上演员们的紧张…
Jīntiān shì yǎnchū shǒuzhàn, kěyǐ gǎnshòudào wǔtái shang yǎnyuánmen de jǐnzhāng…

今日は初日公演、舞台から役者の緊張感が伝わってきた…。

千秋楽

206

千秋乐 [qiānqiūlè] 终点站 [zhōngdiǎnzhàn]

例文

#舞台剧○○○○2022版# 今日卡司 @△△ @□□
#Wǔtáijù ○○○○ èr líng èr èr bǎn# Jīnrì kǎsī @△△ @□□

最后一场啦，大家加油! 🎬
Zuìhòu yì chǎng la, dàjiā jiāyóu!

#舞台○○○○2022版　キャストはこちら　@△△ @□□
今日は千秋楽、みんな頑張ろう! 🎬

レポ

repo

例文

今天公演太精彩了！回家就写详细repo！
Jīntiān gōngyǎn tài jīngcǎi le! Huí jiā jiù xiě xiángxì repo!

今日の公演は素晴らしすぎる！　帰ったらすぐ詳しいレポを書く！

入場券、入園料

门票 [ménpiào]

例文

联名咖啡厅的门票有预定折扣。
Liánmíng kāfēitīng de ménpiào yǒu yùdìng zhékòu.

コラボレーションカフェの入場券は予約割引があるようだ。

連番

连(坐)票 [lián(zuò)piào]

例文

加急做了灯牌，寻连坐姐妹一起举灯牌。
Jiā jí zuòle dēngpái, xún liánzuò jiěmèi yìqǐ jǔ dēngpái.

急いでLEDパネルを作った。
一緒に持ち上げてくれる連番の同行者を探しています。

発券

开票 [kāipiào] 取票 [qǔpiào]

例文

一开票就立马确认自己的手气。
Yì kāipiào jiù lìmǎ quèrèn zìjǐ de shǒuqì.

発券開始と同時に自分の座席運を確認した。

販売終了

截止售卖 [jiézhǐ shòumài]

例文

想买特典的亲要抓紧时间结账哦，明天就截止售卖了哦。
Xiǎng mǎi tèdiǎn de qīn yào zhuājǐn shíjiān jiézhàng ò, míngtiān jiù jiézhǐ shòumàile ò.

特典の購入を希望されるお客様は
お早めに支払いをお済ませください。明日で販売終了となります。

転売チケット

黄牛票 [huángniúpiào]

例文

希望这次能抢到票，我是真的不想买黄牛票TT
Xīwàng zhè cì néng qiǎngdào piào, wǒ shì zhēn de bù xiǎng mǎi huángniúpiào.

今回こそチケットを買えますように、転売チケットはうんざりだTT

追加公演

解锁新站 [jiěsuǒ xīnzhàn]

例文

2023年全国巡演再次**解锁新站**:
Èr líng èr sān nián quánguó xúnyǎn zàicì jiěsuǒ xīnzhàn:

3月3日广州站-广州体育馆
Sān yuè sān rì Guǎngzhōu zhàn-Guǎngzhōu tǐyùguǎn

2023年全国ツアー**追加公演**発表:3月3日広州公演-広州体育館

ツアー

巡演 [xúnyǎn]

例文

全35场的**巡演**终于结束了。
Quán sānshíwǔ chǎng de xúnyǎn zhōngyú jiéshù le.

全35公演にわたる**ツアー**がようやく終わった。

MC、司会者

MC 主持(人) [zhǔchí (rén)]

例文

今天首尔场的**主持人**好会整活儿。
Jīntiān Shǒu'ěrchǎng de zhǔchírén hǎo huì zhěng huór.

今日のソウルコンの**MC**は回し上手だ。

第 2 章　布教、コメント、交流……場面に応じたフレーズ

111

アンコール

安可 [ānkě]

例文

安可时他竟然唱了还没公开的新歌，让粉丝又惊又喜。
Ānkě shí tā jìngrán chàngle hái méi gōngkāi de xīngē, ràng fěnsī yòu jīng yòu xǐ.

ファンへのサプライズで、未発表曲を**アンコール**で披露してくれた。

セットリスト

歌单 [gēdān]

例文

这次**歌单**网罗了过去的经典曲目，简直完美。
Zhè cì gēdān wǎngluóle guòqù de jīngdiǎn qǔmù, jiǎnzhí wánměi.

今回の**セトリ**は過去の名曲も網羅していて完璧だ。

延期／中止

延期／取消 [yánqī / qǔxiāo]

例文

由于不可抗力的原因此次公演**取消**。
Yóuyú bùkěkànglì de yuányīn cǐ cì gōngyǎn qǔxiāo.

諸事情により公演が**中止**になった。

リハーサル

预演 [yùyǎn] 彩排 [cǎipái]

例文

音乐剧《〇〇〇〇》:彩排片花
Yīnyuèjù《〇〇〇〇》: Cǎipái piànhuā

ミュージカル「〇〇〇〇」:リハーサル映像

推しカメラ、フォーカスカメラ

直拍 [zhípāi]

例文

感谢直拍让我看到崽崽的各种可爱的小细节。
Gǎnxiè zhípāi ràng wǒ kàndào zǎizǎi de gè zhǒng kě'ài de xiǎo xìjié.

推しカメラのおかげで細かい表情も逃さず堪能できた。

イケボ

低音炮 [dīyīnpào]

例文

这低音炮…酥到骨子里了。
Zhè dīyīnpào…sūdào gǔzi li le.

何このイケボ…骨の髄まで染みる。

生歌

全开麦 [quán kāi mài]

「全开麦」は「マイク（＝麦）全開」で「生歌」の意味。強度の高いダンスを披露する際に、歌いにくい部分は事前収録済みの音声を使う場合は「半开麦」で、「口パク」は「假唱」と言う。「マイクを完全にオフすること」は「闭麦」だが、これは「ミュート」を指し、ネットでは「口を閉じて自分の意見をあえて述べない」「関わりたくなくて黙ってしまう」の意味。

例文

作为实力派组合，打歌必须是**全开麦**。
Zuòwéi shílìpài zǔhé, dǎ gē bìxū shì quán kāi mài.

実力派グループなので新曲披露はもちろん**生歌**だ。

オフ会、エンカウント

面基 [miànjī]

「面基」は「基友（＝オタ友）と面と向かう」の意味。「基友 [jīyǒu]」は直訳すると「ゲイ（「基」はその当て字）の友達」だが、ゲイのニュアンスは薄まり、「ネット上で仲良くなった同性友達」を指すことがほとんどで、女性に対しても使える。恋愛関係にあるネット友達が会う時は「奔向现实（現実に向かう）」の略である「奔现 [bēn xiàn]」を使う。

例文

终于和网友**面基**了！
Zhōngyú hé wǎngyǒu miànjī le!

タイムラインで会ってたオタクたちとようやく**オフ会**できたよ！

中国特有のファンと
大規模なファン組織

　中国のファンカルチャーは日本や韓国のアイドル文化から多大な影響を受け、非常に多様化している。SNSによって多種多様な推し活が可視化されやすくなったこともあり、ファンの組織化やファン同士のコミュニケーションが昨今、特に注目されている。ここではファンの種類やファン組織を紹介し、SNS時代における中国の多彩なファン文化をお伝えしたい。

あなたなら自分をどんなファンだと定義するか?

　かつてファンの種類と言えば、性別に応じて大雑把に「女粉(丝)(女性ファン)」「男粉(丝)(男性ファン)」と呼び分けていたが、前述の通り、日本や韓国のアイドル文化の影響を受け、日本のアイドルオタク界隈でおなじみのファン属性に対応する中国語が生まれ、定着していった。「唯粉(単推し)」「CP粉(カプ推し)」「団粉(箱推し)」「毒唯(アンリー:推し以外にはアンチ)」といったファンの属性にまつわる言葉は、基本的には日本でのオタクカ

ルチャーと同じような意味で使われる。

　中国特有のファンの呼び方には「妈妈粉（お母さんファン）」「阿姨粉（おばさんファン）」「姐姐粉（お姉さんファン）」「女友粉（リアコ）」がある。これらは決して外部から貼られたレッテルではなく、自身が推しへ向ける眼差しや自分の立場を言い表すファン発祥の言葉だ。これらの呼び方は実際のファンの属性と必ずしも一致しておらず、例えば「お母さんファン」「おばさんファン」を自称するファンの年齢は、アイドル本人と大して変わらない可能性が高い。「お母さん目線で我が子を贔屓し、ときに厳しい意見も出すファン」は「お母さんファン」を自称し、「近所のおばさんのように推しの成長を見守りたい、ファンクラスタ内の言い争いに参加したくないファン」は、自分のことを「おばさんファン」と呼んでいることが多い。

　"中国っぽい"ファン属性には「事业粉（キャリアファン）」や「数据粉（データ重視ファン）」が挙げられる。発展途上の中国アイドル業界では、人気があるうちは稼げるが、ベテラン俳優や歌手へのキャリアパスは確立されていない。そのような中、事业粉や数据粉といった推しのキャリア重視のファンは、キャリアに有益な仕事を歓迎し、応援活動を通して全力でサポートする。一方、人気を消費するだけの仕事にはボイコットをする。このような一風変わった推し活は、事務所とファンの力関係がアンバランスな中国であるからこそ許容されている現象で、非常にユニークだ。

自ら組織するファンたち、ファンを牽引する「站姐」

　日本や韓国のようにファンクラブを開設して、運営できるほどの体力を持つ中国の芸能事務所は数少ない。そのため、ファンが自発的に結成した「后援会（後援会）」はファンの中心的存

在となっていて、その活動内容は多岐にわたる。後援会は「〇〇后援会」以外にもバリエーション豊かな名前で活動していて、名前から活動内容を読み取れることが多い。例えば推しの代表的な後援会として真っ先に名が挙がる「〇〇吧 [bā]（〇〇バー）」（※〇〇には人名）というネーミングは百度（Baidu）のサービス「贴吧」（5ちゃんねるのような掲示板サービス）が由来で、后援会同様、推しに関わることであれば基本どんな活動も受け持つ、総合的なファンコミュニティという位置付けだ。

　名称に「站 [zhàn]（サイト）」が付くファン組織は役割がさらに特化している。まず、ファンの嗜好に合った情報が拾いやすく、同じ推し方の人が集まる「个站（単推しサイト）」「双人站（カプ推しサイト）」というものが存在する。さらに、ファンが手に入れたい情報やファンサイトの活動目的に合わせて、「资讯站（情報発信サイト）」「资源站（素材サイト）」「反黑站（火消し部隊）」「数据站（インプレッション推進チーム）」などに分けられる。ご自身の推し方や応援スタイルを元に、SNSで検索してフォローしてみると、自分に合った情報が入手できるであろう。

　未成年または過熱した推し活に対する政府の規制が入る（2021年8月）までは、多くの后援会のメイン活動が、「SNSで手分けして布教」「アンチや炎上現場の鎮火活動」「各種ランキングの投票」であった。大規模な后援会になると、「推しの誕生日に公共交通機関に広告を出稿し宣伝する」「推しの番組出演時にスタッフへの差し入れを用意する」「アイドル名義の公益活動を実施する」といった不定期の活動も行う。これらの活動はファンの増加にはすぐにはつながらないが、クライアントがアンバサダー起用にあたって、推しのインプレッションやトレンド入り実績、公益活動（社会貢献）の実績を后援会に求めるため、コツコツ活動することが大事だ。2023年3月現在、当局による規制は継続しているものの、中国オタクの推し活形式や

后援会の構造は根本的に変わっていない。規模は縮小したが、多くの后援会は定期的にオンラインイベントを開催している。

ファン構造を一つの"商流"に例えると、「前線」に追っかけファン（「前线 [qiánxiàn]（オリキ）」）がいて、上流の「生産者」にあたる位置には、通称「站姐 [zhànjiě]（ファンサイト管理人）」と呼ばれる存在がいる。彼女たちは様々な現場を追いかけ、推しの魅力的な瞬間をカメラに収める。いつも使っている大きな一眼レフが特徴で、「炮姐 [pàojiě]（カメラのお姉さん）」とも呼ばれている。站姐たちは、自ら撮影した推しの写真を編集・加工して、SNSや個人サイトで公開したり、「Photo Book（通称PB）」を印刷・販売したりしている。収入はサイトの運営や現場の応援活動に使い、推しがサバイバルオーディション番組に出演した際は投票チケットの資金源にもなる。

どんな后援会にも所属せず、布教活動だけに非常に熱心な「自来水（布教オタク）」や、誰とも群れず一人でのんびり推し活を楽しむ「散粉（ソロファン）」、一般人以上ファン未満の「路人粉（通りすがりのファン）」という様々な応援スタイルがあるが、推し活ガチ勢や若い世代ほど、組織的な推し活ができる后援会に参加している印象だ。若い女性にとって、ファン活動は一種の社会参加である。例えば、コロナ禍では后援会のメンバーは推し活スキルを活用して、応援物資を調達し医療従事者に寄付する事例もあった。

このように、中国には様々な立場の様々な考えを持つ多種多様なファンがいるからこそ、中国の推し活では大規模な応援活動を行うことができ、その反面、加熱しすぎた推し活に第三者の手が入ることもある。昨今、過熱した推し活への風当たりが強いが、ポジティブな効果もきちんとあるということはもっと知られてもよいはずだ。

第 章

SNS関連、
ジャンル別用語

中華推し活に欠かせない、
中国のネット上で使われる基本的なSNS用語と、
動画コンテンツの企画や音楽、ダンス、
ドラマなど多ジャンルの単語集、
そしてゲーム・eスポーツ由来のネット用語をまとめました。

SNS用語

Weibo

ウェイボー（ソーシャルメディア）

224

微博 [Wēibó] **wb**

例文

我宝**wb**的关注突破1000万了!
Wǒbǎo Wēibó de guānzhù tūpò yìqiānwàn le!

推しのWeiboのフォロワーが1000万人を超えた!

Douban

ドウバン（コンテンツ口コミサイト）

225

豆瓣 [Dòubàn] **db**

例文

因为是新粉所以先去**豆瓣**考古。
Yīnwèi shì xīnfěn suǒyǐ xiān qù Dòubàn kǎogǔ.

新規なので、とりあえず情報収集のためにDoubanを漁る。

YouTube

油管 [Yóuguǎn]

例文

油管的视频带官方字幕，很好安利。
Yóuguǎn de shìpín dài guānfāng zìmù, hěn hǎo ānlì.

YouTubeには公式字幕も付いていたので、布教しやすい。

Instagram

ig

例文

因为在世巡所以ig投稿很频繁。
Yīnwèi zài shìxún suǒyǐ ig tóugǎo hěn pínfán.

海外ツアーを回ってるからか頻繁にインスタが投稿される。

Twitter

蓝鸟 [Lánniǎo]　推特 [Tuītè]

例文

蓝鸟上官推的推文这么快就有翻译了。
Lánniǎo shàng guāntuī de tuīwén zhème kuài jiù yǒu fānyì le.

Twitterでの公式情報がいち早く訳されている。

第

三

章

S
N
S
関
連
、
ジ
ャ
ン
ル
別
用
語

123

アカウント

账号 [zhànghào]

例文

开了两个账号，一个追星，一个记录日常。
Kāile liǎng ge zhànghào, yí ge zhuīxīng, yí ge jìlù rìcháng.

推し活用と日常記録用にアカウントを使い分けている。

アカウント開設

注册 [zhùcè]

例文

公司终于允许她注册微博账号啦！
Gōngsī zhōngyú yǔnxǔ tā zhùcè Wēibó zhànghào la!

事務所はやっと推しのWeiboアカウント開設を許してくれた！

ログインする

登录 [dēnglù]

例文

选票只有每天登录，打卡之后才能领取。
Xuǎnpiào zhǐyǒu měi tiān dēnglù, dǎ kǎ zhīhòu cáinéng lǐngqǔ.

投票チケットは毎日ログインして、スタンプを押せばゲットできる。

フォロー

关注 [guānzhù]

例文

如果喜欢我的画请关注哦!
Rúguǒ xǐhuan wǒ de huà qǐng guānzhù ò!

私のイラストが気に入ったらフォローしてください!

投稿

发文 [fā wén] po

例文

今天是我推出道的纪念日，所以po了一篇小作文。
Jīntiān shì wǒtuī chūdào de jìniànrì, suǒyǐ pole yìpiān xiǎozuòwén.

推しのデビュー記念日なので、長めのお気持ち投稿した。

相互フォロー

互关 [hù guān]

例文

之前他们一起出演了一个综艺节目，之后就互关了!
Zhīqián tāmen yìqǐ chūyánle yí ge zōngyì jiémù, zhīhòu jiù hù guān le!

先日のバラエティ番組での共演を機に、二人が相互になっている!

拡散、リツイート

转发 [zhuǎnfā]　求扩 [qiúkuò]　帮扩 [bāngkuò]

WeiboにはTwitterと同じようなリツイートの仕様はなく、引用ツイートが一般的だ。リツイートしたい場合は、該当投稿を引用して「转发」を押して再投稿する。「求扩(拡散希望)」「帮扩(拡散協力)」「扩／扩散 [kuòsàn](拡散)」を促すために、リツイートしたユーザーの中から「转发抽奖(リツイートして景品が当たる)」することはどの界隈でも流行っている。

例文

整理了一个新歌的打榜教程，求帮扩！
Zhěnglile yí ge xīngē de dǎ bǎng jiàochéng, qiú bāngkuò!

新曲の一斉再生の方法をハウツーにまとめたので、
拡散をお願いします！

＠、メンション

艾特 [àitè]

中国の若者は「メンション(SNS上で特定の誰かに話しかけること)」を表したい場合、＠(アットマーク)の当て字である「艾特」を使うことが多い。「艾特我 [Àitè wǒ]」という言葉がよく使われるが、これは「自分をメンションして(＝情報を共有してほしい)」というお願いの表現である。

例文

画了一些应援头像，欢迎自取，用之前艾特一下我就好！
Huàle yìxiē yìngyuán tóuxiàng, huānyíng zì qǔ, yòng zhīqián àitè yíxià wǒ jiù hǎo!

応援用アイコンを作成したのでご自由にどうぞ！
使う前にひと声かけてね！

コメント

评论 [pínglùn] 弹幕 [dànmù]

日本語では、動画自体に書き込む文字列と動画外の感想は区別せず「コメント」と呼ぶが、中国では「弹幕」「评论」とそれぞれ呼び名がある。ニコ動発祥の「弹幕」が中国に紹介された際、国内動画サイト〈AcFun〉〈ビリ動〉は共にこの呼び名をそのまま採用して、世間に浸透させた。長文用のコメント欄も併設していたため、「评论」と呼び分けたのだ。

例文

最终话HE的那场戏**弹幕**刷屏什么都看不到哈哈哈。
Zuìzhōnghuà HE de nà chǎng xì dànmù shuā píng shénme dōu kànbúdào hā hā hā.

最終回のハッピーエンディングシーン、
弾幕が盛り上がり過ぎて何も見えない笑

データ通信量

流量 [liúliàng]

中国のSNS上における「流量」には「データ通信量」の意と、「トラフィック（流量）」から転じて、「人気だけあり、実力がない人」をやや揶揄する意味がある。サバ番ブームで生まれた新しい表現で、かつてはそのような人を「偶像 [ǒuxiàng]（アイドル）」や「小鲜肉 [xiǎoxiānròu]（若い肉体）」と呼んでいた。反対語は「实力派 [shílìpài]（実力派）」。

例文

她不仅有**流量**也有实力。
Tā bùjǐn yǒu liúliàng yě yǒu shílì.

彼女は**人気**だけでなく、実力も備わっている。

コメント非表示

清屏 [qīng píng]　关弹幕 [guān dànmù]

例文

清屏看以方便我舔屏。
Qīng píng kàn yǐ fāngbiàn wǒ tiǎn píng.

推しの顔をじっくりみたいので、コメント非表示で視聴する。

DM、個別メッセージ

私信 [sīxìn]　dm

例文

麻烦有这个GIF原图的姐妹私信我一下。
Máfan yǒu zhège GIF yuántú de jiěmèi sīxìn wǒ yíxià.

このGIFの元画像を持っている人は私信ください。

グループチャット

群 [qún]

例文

新谷子有没有人愿意拼团? 欢迎加群!
Xīngǔzi yǒuméiyǒu rén yuànyì pīn tuán? Huānyíng jiā qún!

新グッズを一緒に買いたい人は、
グループチャットがあるのでお声がけください!

他の媒体から転載

搬运 [bānyùn]

「運搬」を意味する「搬运」は、ネットではほとんどが「転載」、特に「無断転載」を指す。かつては中国から直接アクセスできないTwitterやYouTubeが多く転載元だったが、現在は国内SNS間の転載も増えたと感じる。転載専門アカウントは「搬运工 [bānyùngōng]」とも呼ばれる。許可を得て転載される場合は「授权转载 [shòuquán zhuǎnzǎi]」を多く用いる。

例文

搬运了一些外网的评论，大家都在夸MV里的造型。
Bānyùnle yìxiē wàiwǎng de pínglùn, dàjiā dōu zài kuā MV li de zàoxíng.

国外のSNSからコメントを
ちょっと訳したけど、みんなMV衣装を絶賛してる。

スレ主

楼主 [lóuzhǔ] lz

投稿ユーザーは掲示板の場合「楼主（ビルオーナー）」と呼ばれる。新コメントによってスレッドがだんだん長くなる様がビルを建築する（建楼）ようだからだ。SNSが普及すると「投稿」の英語が「post」であることから「po主」とも呼ばれるように。動画投稿者の「up主」は日本語の「うp主」が語源で、当て字の「阿婆主 [āpózhǔ]」もよく使われる（「阿婆（おばあちゃん）」）。

例文

感谢lz! 按照你的教程终于知道了怎么自制透卡!
Gǎnxiè lóuzhǔ! Ànzhào nǐ de jiàochéng zhōngyú zhīdàole zěnme zìzhì tòukǎ!

スレ主に感謝！ 投稿で教えてもらえて、
やっと（インスタ風）透明トレカの作り方がわかりました！

いいね／ファボ

点赞 [diǎn zàn]

例文

从评论和点赞里抽一位送自制周边。
Cóng pínglùn hé diǎn zàn li chōu yí wèi sòng zizhì zhōubiān.

コメントといいねをしてくれた人の中から
抽選で1名に創作グッズをプレゼントします。

スレッドを立てる

发帖 [fā tiē] 建楼 [jiàn lóu]

例文

建了个演唱会的楼，欢迎大家在评论里交流。
Jiànle ge yǎnchànghuì de lóu, huānyíng dàjiā zài pínglùn li jiāoliú.

コンサート情報専用のスレッドを立てておくので、
みなさんコメントで情報交換してくださいね。

スクショ

截屏 [jié píng]

例文

这个视频网站可以把喜欢的场景截图直接分享到SNS。
Zhège shìpín wǎngzhàn kěyǐ bǎ xǐhuan de chǎngjǐng jiétú zhíjiē fēnxiǎng dào SNS.

この動画配信サイトにはお気に入りのシーンをスクショして、
SNSに共有できる機能がある。

（Weiboの）ファンコミュニティ

超话 [Chāohuà]

「超话」は「超级话题 [chāojí huàtí]」の略。ハッシュタグ（话题）の機能を拡張して、ファン同士がより効率的に情報交換できるという狙いで、Weiboが2016年にリリースしたファンコミュニティ機能。課金やランキング機能も搭載しており、Weiboの新しいビジネスモデルとして期待されていたが、2021年の推し活規制によって重課金できる機能が廃止された。

例文

[○○超话]家人们今天○○上的节目是在哪个卫视播啊!
[○○ Chāohuà] Jiārénmen jīntiān ○○ shàng de jiémù shì zài nǎge wèishì bō a!

[○○ファンコミュニティ]
今日推しが出る番組はどの局で放送されるの?

カルチャー深掘り

超 话 の 活 用 方 法

　Weiboの「超话」は元々ハッシュタグに関連する投稿をまとめる機能だったが、様々な機能が拡張されて現在の形に至る。芸能人やゲーム、趣味の繋がりなど、どんな単位でも一定数のファンが集まれば誰でも超话の申請ができ、Weiboの承認を得ると、専用のページが作成される。超话をフォローしなくても投稿は見られるが、フォローすると直接ホーム画面から超话へ投稿でき、超话のおすすめ投稿がタイムラインにも出てくる。超话のトップページには投稿を分類するタブが存在していて、「帖子（スレッド）」「视频（動画）」「相册（アルバム）」の3つがデフォルトである。きちんと管理された超话であれば、ファンが情報発信・収集しやすいように、超话の管理人がカスタマイズしてくれる。特に情報収集に役に立つ、よく使われるタブは「精华（名作スレ）」「同人／二创（二次創作）」「名人动态（ご本人の近況、投稿やオンライン履歴が表示される）」などだ。CP向けだと「糖点分析（カプ萌え考察）」、キャラクター向けだと「周边晒谷（グッズ展示）」「谷子交易（グッズ交換）」などの分類タブを設置するのが一般的である。また、他のファンと交流したいのであれば、超话内にそのまま投稿するのではなく、交流専用の「水贴（チャットスレッド）」タブを選んだ上で投稿するのがマナーだ。

動画

视频 [shìpín]

「视频」は動画のことだが、昨今はショート動画の隆盛により、尺の長さによって呼び分けるようになった。厳密な定義は無いが、一般的に1分程度は「短 [duǎn] 视频」、10分程度は「中 [zhōng] 视频」、30分程度は「长 [cháng] 视频」と呼ばれる。ちなみに「動画」の中国語「动画 [dònghuà]」は、「アニメ番組」「アニメーション」の意味なので、気をつけよう。

例文

官方放出了新歌上线的访谈视频，内容太丰富啦。
Guānfāng fàngchūle xīngē shàngxiàn de fǎngtán shìpín, nèiróng tài fēngfù la.

公式で新曲リリース記念のインタビュー動画が公開されたが、とても見ごたえがある。

トレンド

热搜 [rèsōu]

「ホットな（热门）検索（搜索）トピック」の略でSNSでの「トレンド」を指す。動詞「冲 [chōng]（突っ込む）」や「上 [shàng]（登る）」を付けて「トレンド入り」を表し、キーワードやハッシュタグよりも長めのフレーズ形式が多い。トレンドは運営に管理されており、センシティブな話題や芸能人の炎上対策でトレンド入りが取り消される場合もある（＝「撤 [chè] 热搜」）。

例文

我推火了！ 竟然是因为古早的作品被考古然后上了热搜。
Wǒtuī huǒ le! Jìngrán shì yīnwèi gǔzǎo de zuòpǐn bèi kǎogǔ ránhòu shàngle rèsōu.

推しが…売れた！ なんと過去のドラマ作品が再発掘されて、トレンド入りしたのがきっかけだった。

ログインスタンプ／タイムカードを押す

签到 [qiāndào]

直訳すると「サイン（签）して到着（到）を証明」。SNS上では「ログインスタンプを押すこと」を指す。アクティブなファンがどれほどいるかはアイドルの市場価値を見積もる際の非常に重要な指標の一つ。ファンにとってもスタンプが貯まることでユーザーレベルが上がったり、自分のファン歴がわかったりするので、日々「签到」に勤しむ。

例文

每天努力**签到**就是为了排名上升。
Měi tiān nǔlì qiāndào jiùshì wèile páimíng shàngshēng.

ファンランクを上げるために、毎日こまめに**ログイン**している。

推しをメンション／伏字無しで投稿

带大名 [dài dàmíng]

直訳は「フルネームを使用すること」だが、SNS上では「名前を伏字無しで投稿」または「本人にメンション」を指す。ポジティブな使用場面は推しを褒める際に名指し投稿することだが、誹謗中傷やファン同士の口論時に伏字無しで投稿、もしくは直接本人にメンションすることもある。どちらも検索で引っかかって他のファンや推し本人に認知されることが狙い。

例文

po作品的感想时**带大名**更能传达我们粉丝的心情。
Po zuòpǐn de gǎnxiǎng shí dài dàmíng gèng néng chuándá wǒmen fěnsī de xīnqíng.

作品の感想を投稿する時は、
メンションしたほうがファンの気持ちも届く。

生配信

直播 [zhíbō]

例文

我宝**直播**带货介绍化妆品我立刻下单…。
Wǒbǎo zhíbō dài huò jièshào huàzhuāngpǐn wǒ lìkè xiàdān.

ライブコマースで推しが紹介していた化粧品をポチってしまった…。

ブロック

黑名单 [hēimíngdān] **b**

例文

最近老是有一些僵尸号发广告，我把它们都**b**了。
Zuìjìn lǎo shì yǒu yìxiē jiāngshīhào fā guǎnggào, wǒ bǎ tāmen dōu b le.

最近スパムアカウントがよく広告を送ってくるので、ブロックした。

スタンプ／絵文字／GIF

表情包 [biǎoqíngbāo]

例文

get了非常实用的**表情包**!
Getle fēicháng shíyòng de biǎoqíngbāo!

実用的なスタンプをゲット!

ブックマーク、お気に入り登録

収藏 [shōucáng]

「お気に入り登録」を表す場合、動詞「収藏」を用いることが多い。ただし本来の「コレクション」の意味でもよく使われるので、文脈判断すること。「ブックマークに追加」は、「収藏」の他に「马（克）[mǎ (kè)]（マークする）」、または「🐎（马=馬）」を添えて投稿することが多い。「ブックマーク」「お気に入り」そのものを指す場合は、「収藏夹」「収藏」が共に使える。

例文

为了今后能随时复习必须立刻加入收藏!
Wèile jīnhòu néng suíshí fùxí bìxū lìkè jiārù shōucáng!

またいつでも見返せるようにお気に入り登録しなきゃ！

サムネ

封面 [fēngmiàn]

「封面」は「表紙」「カバー写真」の意味だが、動画サイトで使われる場合は「サムネ（サムネイル画像）」を指すことが多い。一般的には、動画内容を表すものを採用するが、あえて全く違う方向性の画像を使って視聴者を"騙す"という遊びもある。

例文

虽然是被封面骗进来的,
Suīrán shì bèi fēngmiàn piànjìnlai de,

但是阿婆主的视频每个都很有趣一口气看下来了。
dànshì āpózhǔ de shìpín měi ge dōu hěn yǒuqù yìkǒuqì kànxiàlai le.

サムネに惹かれてクリックしたら、
UP主の動画がどれも面白くて一気見してしまった。

第三章

S N S 関連、ジャンル別用語

135

トップページ／タイムライン

主页 [zhǔyè] 首页 [shǒuyè]

「ポータルサイトのトップページ」「SNS上のタイムライン」を「主页」もしくは「首页」と呼ぶ。ほとんどの場合は言い換え可能だが、タイムラインは「首页」、プロフィール画面は「(个人)主页」と区別する場合がある。また、タイムラインをそのまま訳した中国語「时间线 [shíjiānxiàn]」もあり、SNSのタイムラインのほか、時系列で整理された一連の出来事を指す。

例文

整理了一些宝宝的资料，欢迎新粉取阅。
Zhěnglile yìxiē bǎobao de zīliào, huānyíng xīnfěn qǔ yuè.

链接我置顶了，可以直接从**首页**打开。
Liànjiē wǒ zhìdǐng le, kěyǐ zhíjiē cóng shǒuyè dǎkāi.

新しく沼入りした方向けに、推し資料をまとめた投稿を固定してあるので、**トップページ**から飛んでください！

ググる、検索する

搜 [sōu]

「検索」に相当する中国語は「搜索 [sōusuǒ]」または「检索 [jiǎnsuǒ]」。いずれもかしこまった感じがするため、SNS上ではもう少しカジュアルな言い方の「搜○○」が使われる。検索エンジンのGoogleは中国国内では使えないため、「ググる」という慣用表現も、中国のローカルサービス「百度」を動詞として用いた「百度一下 [Bǎidù yíxià]」に置き換えて使われている。

例文

想在家里还原在店里吃到的甜品，
Xiǎng zài jiālǐ huányuán zài diàn lǐ chīdào de tiánpǐn,

上小红书上**搜**了一下出现了好多教程。
shàng Xiǎohóngshū shàng sōule yíxià chūxiànle hǎoduō jiàochéng.

この間食べたスイーツを自宅で再現したくて、
小红书（RED）でレシピを**ググって**みたらめっちゃ出てきた。

エゴサ(ーチ)

自搜 [zì sōu]　搜自己 [sōu zìjǐ]

例文

搜自己看到有读者夸自己写的文，好高兴。
Sōu zìjǐ kàndào yǒu dúzhě kuā zìjǐ xiě de wén, hǎo gāoxìng.

自分の小説を褒めてる投稿をエゴサで見つけて嬉しい。

オフィシャル

官方 [guānfāng]

例文

官方放出的消息，肯定不会有错！
Guānfāng fàngchū de xiāoxi, kěndìng bú huì yǒu cuò!

オフィシャルに発表された情報なので、ソースは堅い！

モザイクをかける

打码 [dǎ mǎ]　打马赛克 [dǎ mǎsàikè]

例文

赞助商以外的饮料都被打上了马赛克。
Zànzhùshāng yǐwài de yǐnliào dōu bèi dǎshàngle mǎsàikè.

スポンサー商品じゃない飲料が映ったのでモザイクかかってるね。

第 三 章

S N S 関 連 、 ジ ャ ン ル 別 用 語

（写真）加工

ps／p　美顔 [měiyán]

「写真を加工する」の意味を持つ言葉はいずれも画像処理アプリ由来で、「ps／p」は〈Photoshop〉、「美颜」は中国ソフト〈美图秀秀〉などの美白・美顔機能から。中国の画像処理ソフトは操作が〈Photoshop〉より簡単で長年ユーザーから支持されている。「ps」と「美颜」はほとんどの場合言い換えが可能だが、「美颜」のほうが盛るイメージが強い。

例文

这个新APP的美颜也太自然了。
Zhège xīn APP de měiyán yě tài zìrán le.

この新しいアプリは加工がとても自然で盛れる。

公開アカウント（表アカ）

大号 [dàhào]

直訳は「大きなアカウント」で、メインで運営する「表のアカウント」を指す。反対に「裏アカウント」は「小号」と言う。有名人の多くは表で仕事関連の投稿、裏で日常のつぶやきと使い分けていて、裏がファンに公開されている場合もある。裏アカウントは「马甲 [mǎjiǎ]（ベスト）」（元ネタは有名コント『钟点工』のセリフ）とも呼ばれ、「自作自演用のアカウント」も指す。

例文

不知道为啥大号被禁言了三天。
Bù zhīdào wèi sha dàhào bèi jìnyán le sān tiān.

どうしてかわからないが、
表アカが3日間の発言禁止ペナルティをくらった。

プライベートアカウント（裏アカ）

小号 [xiǎohào]　马甲 [mǎjiǎ]

例文

他大号只发一些通告，小号会跟粉丝互动，推荐fo小号！
Tā dàhào zhǐ fā yìxiē tōnggào, xiǎohào huì gēn fěnsī hùdòng, tuījiàn fo xiǎohào!

彼は仕事の告知をする表アカウントとは別に、ファンと交流する
プライベートアカウントもあるからフォローしたほうが良いよ！

ファンアカウント／ファンサイト

站子 [zhànzi]

例文

站子招新啦，招聘以下岗位各一名：文案，字幕，美工。
Zhànzi zhāo xīn la, zhāopìn yǐxià gǎngwèi gè yì míng: wén'àn, zìmù, měigōng.

ファンアカウントの運営にあたって、
文章班・字幕班・デザイン班から各1名を新しく募集します。

まとめサイト、コピペブログ

营销号 [yíngxiāohào]　yxh

例文

营销号的信息鱼龙混杂，要好好判别真伪。
Yíngxiāohào de xìnxī yúlónghùnzá, yào hǎohǎo pànbié zhēn wěi.

まとめサイトはたまに嘘も混ざっているので、
情報を見極める必要がある。

インフルエンサー

网红 [wǎnghóng]

「网络红人〔wǎngluò hóng rén〕」の略で、「インターネット上の人気者」を意味する。芸能人やアイドルとも異なり、日本語の「インフルエンサー」に当てはまる。Web2.0サービスが流行りだした際はネットで活躍する有識者をインフルエンサーと指すことが多かったが、SNSが一般化してきたため、いまは普通に「フォロワーが多く影響力を持つユーザー」を指す。

例文

她虽然是**网红**但是好有气场，真的很女明星。
Tā suīrán shì wǎnghóng dànshì hǎo yǒu qìchǎng, zhēn de hěn nǚ míngxīng.

あのインフルエンサーはオーラがあってスターのようだ。

スポンサー、クライアント

○○爸爸 [○○ bàba]

中国では相手に恩を売る際に「お父さん（爸爸）と呼んで」と冗談半分で言い、SNS上での「○○爸爸」はその影響を受けたと思われる。2015年前後、アリババ創業者ジャック・マー氏のカリスマ性に惹かれて「爸爸」と呼ぶ若者が続出。以来、自分より目上の立場、特に出資者に対しても呼ぶように。頻出表現に「甲方爸爸／金主爸爸（クライアント、出資元）」がある。

例文

感谢**金主爸爸**一直以来青睐我宝。
Gǎnxiè jīnzhǔ bàba yìzhí yǐlái qīnglài wǒbǎo.

クライアントさま、いつも推しを起用してくれて感謝です。

チャンネル登録・コメント・高評価

三连 [sānlián]

「一键三连 [yíjiàn sānlián]」の略で、〈ビリビリ動画〉発の言葉。ビリ動には「いいね/投げ銭/フォロー」のボタンがあり、すべて押されるとトップ画面に推薦・拡散されやすくなる。多くの投稿者は締めに「点赞/投币/关注」をお願いし、YouTuberがよく使う「チャンネル登録/コメント/高評価」に相当する。語呂が良い言葉を3つ揃える構文のことも「三连」と言う。

例文

如果喜欢请一键三连!
Rúguǒ xǐhuan qǐng yíjiàn sānlián!

動画がもし気に入ったら、
チャンネル登録・コメント・高評価をお願いします!

バズる、売れる

火了 [huǒ le]　红了 [hóng le]　出圈 [chū quān]

「バズる」を表したい時は「火了」また「红了」の表現がよく使われる。この場合、「火」は「盛ん」、「红」は「人気がある」という意味。「バズらせる」は、「让」構文で「让〇〇火/红」を使う。ちなみに悪い意味のほうでのバズりといえる「炎上 [yánshàng]」については、漢字から意味を連想しやすいのか、日本語のまま中国の若者の中で浸透している印象だ。

例文

希望我宝能上春晚，火出圈!
Xīwàng wǒbǎo néng shàng chūnwǎn, huǒ chū quān!

推しに紅白歌合戦(春晚)に出て、もっともっと**売れて**ほしい!

チケットってどう買うの?
——中国の現場文化

　第一章のコラム (p. 63) では、中国のアイドル文化は日本・韓国の影響を受けたのちに、中国独自の社会事情をミックスしたものだと紹介したが、チケットの購入から現場を楽しむまでの一部始終は、まさにその表れだ。本コラムでは、中国でのチケットの購入方法や現場文化、関連する中国語の表現、そして筆者が感じ取った日本との違いを紹介したい。

チケット購入は運よりも「高度な情報戦」

　あくまでも個人的な分け方だが、チケットには「通常チケット」と「イベントチケット」があり、購入方法や入手倍率、情報の透明性がそれぞれ異なるように感じる。通常チケットとは、シアターやホールで上演され、日程が複数ある映画や演劇などの定期公演のこと (「劇院类演出」) で、一方イベントチケットは、何万人も収容できるような体育館で、限られた日程で行う「演唱会 (コンサート公演)」や「体育比赛 (スポーツ試合)」と定義する。

通常チケットの購入は比較的簡単で、大手のチケット販売サイト〈大麦網（damai.cn）〉や〈摩天輪（moretickets.com）〉など、販売元が公式にアナウンスしたルートに基づいて、座席が指定されたチケットを先着順で購入するのが一般的だ。チケットの入手に関しては、「买票（チケット購入）」または「订票（チケット予約）」の表現を用いる。近年増えたのは、〈微信（WeChat）〉内の「小程序（ミニプログラム）」からの購入だ。小程序は新たにアプリをインストールせずとも微信内で利用でき、微信の他のサービスとも簡単に連携できる。運営の多くは自らの小程序を提供しており、チケット情報を含め様々な情報を発信している。

　イベントチケットの購入方法は様々で、ネット上に流れてくる情報も真偽が不明だ。上記サイトでも公式販売を行うが、販売開始すぐに売り切れてしまうため、「秒没（秒で無くなる）」という表現がよく使われる。公式のファンクラブ会員やチケット販売サイトの課金ユーザーになると、当選率は少し上がり、数分前から「抢票（チケットの奪い合い）」に参加できるが、確実に当選（「出票（チケット発行）」）できる保証は無く、需要のほうが圧倒的に高い。

　それでもどうしてもチケットを入手したい場合は、非公式のチケット販売サイトやチケット業者（「票务」と言う）を利用する人が多い。これらチケットは関係者チケットが転売されていると言われ、販売者が転売ヤーか卸業者かの区別はすごく曖昧だ。お金をたくさん積んで「神席」を購入できたファンもいれば、怪しい業者に騙されて泣き寝入りするしかないファンもたくさんいる。アイドル本人たちも、非公式ルートからは購入しないよう呼びかけているが、なかなか根絶できないというところも、悪い意味で"中国っぽさ"がある。

　筆者も日本でチケットを購入した経験があるが、一部ガチ勢の個人間取引を除き、総じて情報がオープンで探しやすく、公

式情報さえ控えておけば、チケットの入手には問題ないと感じる。一方、中国の場合、公式からの情報が足りていなく、ファン同士の口コミに頼らざるをえない部分が多い。例えば、初回のチケット販売が完売しても、その後に決済エラーやキャンセルによるチケットが少量「掉落（ドロップ）」されるが、これらの情報が公式から出ることはまず無い。日本でのチケット購入が「運ゲー」だと言うのであれば、中国は「高度な情報戦」である。チケットの販売期間中は、各SNSで「推しの名前＋抢票攻略/教程」と検索して、先人の知恵を借りるのが無難だ。ちなみに日本でよく見る、**チケットを当てるために「徳を積む」という考えは中国にもある**。例えば、「幸運をもたらすといわれる錦鯉の投稿を、願いを込めてリツイートすればチケットが絶対手に入る」といった小さな"迷信"は、中国では「玄学」と呼ばれ、チケット争奪戦が激しい中国ではなおさら玄学に対する信仰は厚い。

多彩な現場の応援文化

　どうにかしてチケットが入手できたら、お次は現場を楽しむ番だ。中国の現場は、日韓アイドル文化の影響を大きく受けていて、なかなか興味深い。例えば、后援会（後援会）はコンサート期間中、よく開催都市の主要駅に広告（「灯箱（LED看板）」とも言う）を出稿しラッピングバスを手配するが、これはどちらかというとK-POPファン由来の応援活動で、韓国語の「응원（応援）」同様、中国でも「応援」と言う。一方、会場内の雰囲気や応援の仕方は、日本のアイドル文化の影響が見られる。ファンは推しのうちわや推しカラーのペンライトを持ち、推しカラーの服を着て、推しカラーの小物やグッズを身につける。総じて「线下応援（リアル応援）」と呼ばれ、特に韓国式の広告応

援になると個人レベルでの企画はまれで、后援会が中心となって事前にクラウドファンディングを行うのが一般的だ。

　イベントを盛り上げる目的で、開催当日に「応援物（応援グッズ）」の「礼包（ギフトキット）」を大量に無料配布する后援会やファンサイトも多い。応援グッズはスローガンやペンライト、推しの名前が入ったカチューシャなど多岐にわたる。特にコロナ禍では、マスクの配布が増えている。無料配布とはいえ、事前にグループチャットの参加、微博のファンコミュニティランクなど、同担であることやファン歴を証明できるものを提示する必要がある。加えて、ファンが数メートル大のスローガンや応援旗を振り、応援の掛け声で盛り上げることも会場周辺ではよくある風景だ。その他、映画館を貸し切ったファン向けの自主上映会が開催されるなど、公演日程が近づいたらSNSで「推しの名前＋線下応援」で検索することをおすすめする。

　行き過ぎたファンの応援活動や未成年の推し活を制限する、通称「推し活規制」が2021年8月から始まり、今日でもアカウントがBANされている后援会が多く、后援会同士の競い合うような大金をかけた応援活動は減ってきた。加えて、コロナの影響でイベントのキャンセルが相次ぎ、コンサートはオンライン開催にシフトしつつある。とはいえ、推しを応援したいというファンのあり方は変わるものではないので、ファン同士は手段を変えて連帯する。規制に沿った"新しいゲームルール"に適応すればいいだけの話で、まさに「上に政策あれば下に対策あり」だ。ネットでの反響を見る限り、線下応援が全く下火でないことはその表れでもある。ファンによる線下応援は、推しへの愛とファン同士の連帯をリアルに表現できる華やかな「表現の場」であり、（ファン同士のトラブルなど不祥事も発生したりするが）その重要性と尊さはもっと正当に評価されるべきではないだろうかと思う。

動画企画ジャンル

271

默契大挑战 [mòqì dàtiǎozhàn]
默契传声筒 [mòqì chuánshēngtǒng]

イヤホン
ガンガンゲーム

275

整蛊　整人
[zhěng gǔ]　[zhěng rén]

ドッキリ

272

狼人杀
[lángrénshā]

人狼

276

选秀
[xuǎnxiù]

サバイバル
オーディション番組

273

剧本杀
[jùběnshā]

マーダーミステリー
（ゲーム）

277

真人秀
[zhēnrénxiù]

リアリティーショー

274

密室逃脱
[mìshì táotuō]

脱出ゲーム

278

心理测试
[xīnlǐ cèshì]

心理テスト

279 美妆 [měizhuāng] .... コスメ、メイク	**284** plog .... Photo-log（フォトログ）※「vlog」の派生語
280 开箱 [kāi xiāng]　拆箱 [chāi xiāng] .... 開封動画	**285** 测评 [cèpíng] .... レビュー
281 吃播 [chībō] .... モッパン（食事動画）	**286** 打赏 [dǎ shǎng] .... 投げ銭
282 九宫格 [jiǔgōnggé] .... （ファンサの）画像投稿 ※3×3は画像投稿の最大数	**287** 晨间分享 [chénjiān fēnxiǎng]　晨间日常 [chénjiān rìcháng] .... モーニングルーティン
283 虚拟UP主 [xūní UP zhǔ] .... VTuber	**288** 日常穿搭 [rìcháng chuāndā] .... OOTD（本日のコーデ）

音楽、ダンス関連

※語源が英語の場合は、英語表記もよく使われるが、ここでは割愛とする。

289
古典舞
[gǔdiǎnwǔ]

中国古典舞踊

293
锁舞
[suǒwǔ]

ロック（ダンス）

290
民族舞
[mínzúwǔ]

民族舞踊

294
震撼舞
[zhènhànwǔ]

ポップ（ダンス）

291
现代舞
[xiàndàiwǔ]

モダンダンス

295
甩手舞
[shuǎishǒuwǔ]

ワック・ヴォーグ
（ダンス）

292
街舞
[jiēwǔ]

ストリートダンス

296
嘻哈（舞）
[xīhā(wú)]

ヒップホップ

第三章

S N S 関連、ジャンル別用語

297 地板舞 [dìbǎnwú] **霹雳(舞)** [pīlì(wǔ)] ブレイクダンス	**302** 说唱 [shuōchàng] ラップ
298 浩室舞 [hàoshìwǔ] ハウス（ダンス）	**303** 古典 [gǔdiǎn] クラシック
299 流行 [liúxíng] ポップス	**304** 爵士 [juéshì] ジャズ
300 摇滚 [yáogǔn] ロック	**305** 雷鬼 [léiguǐ] レゲエ
301 电子 [diànzǐ] エレクトロ	**306** 金属 [jīnshǔ] メタル

307
高潮 [gāocháo]
※音楽用語では副歌[fùgē]とも言う

サビ

308
前奏 [qiánzòu]

イントロ

309
配音（演员） cv
[pèiyīn (yǎnyuán)]

声優

310
音乐剧 [yīnyuèjù]

ミュージカル

311
录歌 录音
[lùgē] [lùyīn]

レコーディング

312
录音棚
[lùyīnpéng]

レコーディング
スタジオ

313
队长 [duìzhǎng]

リーダー

314
主唱 vocal
[zhǔchàng]

ボーカル

315
主舞 舞担
[zhǔwǔ] [wǔdān]

ダンス担当

316
rap担
[rapdān]

ラップ担当

ドラマ関連

単語集

317 連続劇

[liánxùjù]

連続ドラマ

321 武侠

[wǔxiá]

武侠

※武術に長け義理を重んじる侠客の物語。
派手なワイヤーアクションが特徴。

318 古装

[gǔzhuāng]

古装劇／
中国時代劇

322 民国

[mínguó]

民国時代（1912〜1949年）を
題材とするドラマ

319 偶像剧

[ǒuxiàngjù]

現代恋愛ドラマ

323 科幻

[kēhuàn]

SF

320 古偶（古装偶像）

[gǔ'ǒu]（[gǔzhuāng ǒuxiàng]）

ロマンス時代劇

324 悬疑

[xuányí]

サスペンス

325

青春校园
[qīngchūn xiàoyuán]

青春学園（ドラマ）

326

综艺
[zōngyì]

バラエティ

327

收官
[shōu guān]

最終回放送

328

开机
[kāijī]

クランクイン

329

杀青
[shāqīng]

クランクアップ

330

饰○○
[shì ○○]

○○役

331

真人版
[zhēnrénbǎn]

実写化

332

探班
[tànbān]

撮影現場訪問／
出待ち

333

导演
[dǎoyǎn]

監督

334

○季○集 [○jì○jí]
○S○EP

○シーズン○話

中国ドラマのあれこれ

　アイドルが俳優の道へ進むのは中国エンタメのキャリアパスではよくあることで、今どきの中国ドラマは一定の視聴率を保証してくれるアイドルを起用することが結構多い。とはいえ、いきなり一般視聴者向けのゴールデンタイムで放送される「正劇（悲喜劇）」の主役をアイドルが務めるのはかなりチャレンジングで、若者ウケがいい「偶像劇（恋愛ドラマ）」から演技キャリアをスタートするのが一般的だ。本コラムでは現在流行っているドラマジャンルやファンがよく使うドラマに関連した中国語について、いくつかピックアップして紹介したい。

いま流行りのジャンルは?

　現代の若者はいろんなパターンのドラマをもう見尽くしているので、流行りの「偶像劇」といえども、プラスアルファの要素を常に必要としている。時代劇（「古装」）は恋愛ドラマによく足される要素の一つで、「古偶（ロマンス時代劇）」という略称が定着するほど、昔から人気が根強い。武術に優れる侠客が武術界の頂点を目指す「武侠」ドラマも、広い意味では古装として捉えられるであろう。武侠の世界観をさらに拡張し、神様や魔物など「仙界」と呼ばれるファンタジー要素を加えると、大人気ジャンルの「仙侠」となる。そのほか、「穿越（タイムスリップもの）」や「耽改（BL小説が原作のブロマンスもの）」、「宮斗（宮廷の派閥争いもの）」なども、若手アイドルがよく出演する注目のドラマジャンルである。これらの作品は、多くが「网文（ネ

ット小説)」を原作とし、主に動画配信サイトで放送される「网剧（ウェブドラマ）」だという共通点がある。

　一般の視聴者にとってのドラマの見どころは世界観や物語だが、ファンにとっては普段なかなか見られない推しの古装の「造型（メインビジュアル）」や「打戏（アクションシーン）」も楽しみの一つで、放送前から話題作りのため、SNSのハッシュタグで言及することも多い。例えば、ファンは「○○△△白衣威亚造型路透照」といった構文を使って、推しのドラマの布教をよくする。○○は推しの名前で、△△は作品タイトル、「白衣威亚造型」は「白い衣装のワイヤー（アクション）姿」という意味で、「路透照」は「ロケのネタバレ写真」のことである。

なぜ中国ドラマは「中国語吹き替え」があるのか

　中国のドラマを見ていると、役者が話す中国語が全く別人の声であることに驚く人が多いと思う。世界的にも特殊な現象かもしれないが、ほとんどの中国ドラマは撮影後、声優による吹き替え作業が発生する。かつては、活躍していた香港や台湾出身の役者たちが上手く標準語を喋れず（特に武侠ドラマや時代劇では違和感が目立つため）、声優による吹き替えが必要だったためと言われているが、現に人気の「偶像劇」や「古偶」では、標準語を話せる役者であっても収録した音声（「原声」）がそのまま使われることは少ない。理由によく挙げられるのは、「役者自身の演技力が足りない」という点だ。偶像劇には若手アイドルや若手俳優を主演に起用することが多く、専門的な演技指導をあまり受けていない若手はセリフの表現力が足りない場合がある。また、中国ドラマの撮影現場では、録音設備や技術スキルが足りなかったり、政府の検閲を通すために、セリフやストーリーの調整を事前に何度も行ったりするため、音声を声優の吹き替えにしたほうがドラマの完成度がより上がり、様々な面で調整しやすいという事情もある。

ゲーム、eスポーツ

家庭用ゲーム

335

主机游戏 [zhǔjī yóuxì]
单机游戏 [dānjī yóuxì]

例文

#年度盘点# 2022年个人最喜欢的主机游戏
#Niándù pándiǎn# Èr líng èr èr nián gèrén zuì xǐhuan de zhǔjī yóuxì

#総集編　2022年家庭用ゲーム個人的ベスト

オンラインゲーム

336

网游 [wǎngyóu]

例文

国产射击网游《○○○○》全新版本今日上线
Guóchǎn shèjí wǎngyóu《○○○○》quánxīn bǎnběn jīnrì shàngxiàn

国産シューティングオンラインゲーム「○○○○」完全新作が
本日リリース

ソシャゲ

手游 [shǒuyóu]

世界的には家庭用ゲーム機のシェアが高いのにもかかわらず、中国はゲームに厳しい検閲を課したこともあり、昔からPCゲームやWebゲーム（「页游 [yèyóu]」）の割合が高かったが、2010年以降、スマートフォンの普及につれて、気軽に遊べるソシャゲはライト層を中心にシェアを広げた。日本でおなじみの《荒野行動》や《原神》《FGO》などは中国でも大人気作だ。

例文

有没有亲知道○○**手游**的这个立绘是哪位老师画的啊,
Yǒuméiyǒu qīn zhīdào ○○ shǒuyóu de zhège lìhuì shì nǎ wèi lǎoshī huà de a,

TA有没有微博之类的? 想fo!
TA yǒuméiyǒu Wēibó zhī lèi de? Xiǎng fo!

○○ソシャゲのこの立ち絵はどの先生によるものですか?
Weiboアカウントなどをお持ちですか? どうしてもフォローしたくて!

eスポーツ

电竞 [diànjìng]

「电子竞赛 [diànzǐ jìngsài]」の略。「电竞」はここ数年で国民的人気を得たジャンル。プレイのハードルが年々下がり、ゲーム人口は7億人にも上る(2021年時点)。ゲーム実況・試合の中継サイトが急成長したことや、正式な競技種目への採用や中国代表による金メダル獲得も人気となったきっかけ。そのため、ゲーム由来用語は急スピードで一般的に広まっている。

例文

#○○**电竞**俱乐部全明星选手# 粉丝福利!
#○○ diànjìng jùlèbù quán míngxīng xuǎnshǒu# Fěnsī fúlì!

一起来看走红地毯的崽崽们吧!
Yìqǐ lái kàn zǒu hóngdìtǎn de zǎizǎimen ba!

#○○eスポーツクラブオールスター選手　大サービス!
レッドカーペットに登場した推したちの姿を一緒に見よう!

乙女ゲーム (乙ゲー)

乙女游戏 [yǐnǚ yóuxì]

中国ゲーム市場では長らく男性プレイヤーの存在感が大きかったが、2020年に女性プレイヤーが初めて50％を超えて逆転。その原因の一つが女性をターゲットにし、ストーリーからキャラクター、声優まで凝られた「乙女游戏」の大ヒットだ。《恋とプロデューサー》《未定事件簿》が代表的。なお、中国開発の乙ゲーを「国乙 [guóyǐ]」と言う呼び方も浸透している。

例文

最近的国乙针不戳，
Zuìjìn de guóyǐ zhēn bú chuō,

很多游戏画面精美快赶上日本的**乙女游戏**了。
hěn duō yóuxì huàmiàn jīngměi kuài gǎnshàng rìběn de yǐnǚ yóuxì le.

最近中国の乙ゲーは頑張っていて、
ゲーム画面の綺麗さは日本のにも負けないと思う。

HP回復

回血 [huí xiě]

一般的にゲームの中でHPは赤いゲージで表現され、「血条 [xiětiáo]（血液量を示すライン)」と呼ばれる。そのため「HP回復」を「回血」と呼ぶようになった。派生した意味には、「体力回復」または「持っているオタクグッズを手放して、生活費に充てる」の2つがある。回血用のグッズは相場より低めに設定されることがあり、値引き交渉ができる可能性も高い。

例文

出一些谷子**回血**，最近好穷。
Chū yìxiē gǔzi huí xiě, zuìjìn hǎo qióng.

金欠なので一部のグッズを譲ります。

やり込む

肝 [gān]

「肝臓」のことで、ネットでは「身体を壊すぐらいゲームなどをやり込むこと」を指す。ゲーマーがよくする夜更かしは、漢方の考え方では健康、特に肝臓へのダメージが大きいため、その行為自体が「肝」と呼ばれるように。元々ゲーマー間で使われていたが、いまや普通のネット用語だ。動詞形の「肝〇〇」や否定形の「不肝〇〇」がよく使われる。

例文

熬夜追剧，差点爆肝。到底是年纪大了肝不动了…。
Áoyè zhuī jù, chàdiǎn bào gān. Dàodǐ shì niánjì dàle gān bú dòng le….

夜ふかしでドラマを追っかけて体がしんどい。
さすがにもう歳で無茶ができない…。

〇〇をサポート

奶〇〇 [nǎi 〇〇]

「ゲームでの回復役」の「奶妈 (乳母)」に由来し「パーティの他のメンバーを補助すること」を指す。アイドル界隈では「奶队友(メンバーをサポート)」や「奶后辈(後輩の面倒を見る)」がよく見られる。派生表現の「毒奶 [dúnǎi] (毒入りミルク)」はeスポーツの影響で広まり、「サポートの結果、自陣営を破滅に導く」や「希望的観測と異なるバッドエンドを迎えた」を指す。

例文

我推什么时候能solo出道呢，在现在这个团一直都在奶队友。
Wǒtuī shénme shíhou néng solo chūdào ne, zài xiànzài zhège tuán yìzhí dōu zài nǎi duìyǒu.

推しはいつになったらソロデビューできるのか。いまのグループでは人気だけ他のメンバーのサポートに使われちゃう。

ハードコア(な)、マニアック(な)

硬核 [yìnghé]

例文

○○家的粉丝好**硬核**，线下应援现场打call非常生猛。

○○ jiā de fěnsī hǎo yìnghé, xiàn xià yìngyuán xiànchǎng dǎ call fēicháng shēngměng.

○○のファンはハードコアだ、
現場応援でのコールパフォーマンスは凄まじい勢いだ。

ゲーム実況

游戏直播 [yóuxì zhíbō] 游戏解说 [yóuxì jiěshuō]

例文

最近没时间玩游戏，只能看**游戏直播**过瘾。

Zuìjìn méi shíjiān wán yóuxì, zhǐ néng kàn yóuxì zhíbō guòyǐn.

目前已经云通关了好几个游戏了。

Mùqián yǐjīng yún tōngguānle hǎo jǐ ge yóuxì le.

最近ゲームをする時間がなくてゲーム実況で我慢するしかない。
それでゲームを何本もエアでクリアしてしまった。

TRPG (テーブルトーク・ロールプレイング・ゲーム)

跑团 [pǎo tuán]

例文

新人**跑团**被吓得SAN值狂掉，

Xīnrén pǎo tuán bèi xià de SANzhí kuángdiào,

赶紧看一眼我推的美颜压压惊。

gǎnjǐn kàn yì yǎn wǒtuī de měiyán yāyā jīng.

初めてTRPGをプレーしてみたら怖すぎてSAN値がピンチ！
まずは推しの美しい顔を見て落ち着こう…。

無双

开挂 [kāi guà]

例文

宝宝自从染了金发之后颜值就一直开挂。
Bǎobao zìcóng rǎnle jīnfà zhīhòu yánzhí jiù yīzhí kāi guà.

推しは髪の毛を金色に染めてから、美貌が無双してる。

HP満タン回復

满血复活 [mǎnxiě fùhuó]

例文

每次加班出差累得不行的时候,
Měi cì jiābān chūchāi lèi de bùxíng de shíhou,

看一场他们的演唱会就能满血复活。他们的存在本身就是一个奇迹。
kàn yì chǎng tāmen de yǎnchànghuì jiù néng mǎnxiě fùhuó. Tāmen de cúnzài běnshēn jiùshì yí ge qíjì.

残業や出張で疲れ果てた時、彼らのコンサートを見るだけで
毎回完全復活できる。彼らの存在そのものが奇跡。

347

第

三

章

試合を勝利に運ぶ／雰囲気を摑む

carry

例文

这次的公演○○简直carry全场。
Zhè cì de gōngyǎn ○○ jiǎnzhí carry quánchǎng.

今回の公演で○○は完全に場の雰囲気を摑んでいた。

348

S
N
S
関
連
、
ジ
ャ
ン
ル
別
用
語

センター

C位 [Cwèi]

「C位」には推し活に使える2つの意味があるため、文脈をよく確認すること。1つは「センター」で、AKB系グループの総選挙をきっかけに広く知られた。2つ目は「キャリーポジション」。元々はeスポーツ用語で、「上手いプレイヤー」や「チーム内の重要なポジション」を指す。前項目（p. 161）の「carry全场」はこのニュアンスに近い。

例文

她明明不是C位我每次都会把她看成C位，
Tā míngmíng búshì Cwèi wǒ měi cì dōu huì bǎ tā kàn chéng Cwèi,

没办法存在感就是这么强！
méi bànfǎ cúnzàigǎn jiùshì zhème qiáng!

センターじゃないのに推しが毎回センターのように見える、
存在感しかないからしょうがない！

ランク

排位 [pái wèi]

オンラインゲームではランクのことを「排位」と言い、芸能人の順位・番付に対しても使える。AKBグループの総選挙や『PRODUCE』シリーズの影響で、人気があれば高い順位で仕事のチャンスがあるという認識が中国ですっかり浸透。日本語由来の「番位 [fānwèi]（番手）」も同じ意味で、「一番 [yìfān]（一位）」「争番位 [zhēng fānwèi]（順位争い）」などがよく使われる。

例文

#○○手游# 有没有人一起打排位？国服，组队人数不限。
#○○ shǒuyóu# Yǒuméiyǒu rén yìqǐ dǎ pái wèi? Guó fú, zǔ duì rénshù bú xiàn.

#○○ソシャゲ
一緒にランク戦する人いる？ 中国鯖、人数指定なし。

バフ

buff

「ゲーム中に自分の能力が上昇すること」で、中国語では対義語デバフも含めて英語表記「buff/debuff」を使う。ゲームでは詳細なバフ名よりも「蓝buff（ブルーバフ）」「红buff（レッドバフ）」など別名で呼ぶことが多い。アイドル界隈では「スキル＋buff」の形でよく用いる。「舞蹈buff（ダンスバフ）」「魅力buff（魅力バフ）」など組み合わせの自由度は高い。

例文

这次的live简直一个赞字，宝宝的舞蹈buff叠满！
Zhè cì de live jiǎnzhí yí ge zàn zì, bǎobao de wǔdǎo buff dié mǎn!

今回のライブはいいねとしか言いようがない、
推しのダンスバフは上限MAX！

調子が悪い、だめ

拉胯 [lā kuà]

中国東北の方言からで「調子が悪い」「だめ」の意。eスポーツ選手の試合時の発言から流行語に。「他人の足を引っ張る」のニュアンスがある。近年「厉害了〇〇（すげーな〇〇）」「有内味儿了（デジャブ）」「正面刚（真向勝負）」「666（すげー）」などeスポーツ発の流行語が非常に多く、実況や試合時の話し言葉なのでわかりやすく背景知識が無くとも違和感なく使える。

例文

如果不是因为〇〇我肯定不会看这部剧，剧本太拉胯了。
Rúguǒ búshì yīnwèi 〇〇 wǒ kěndìng bú huì kàn zhè bù jù, jùběn tài lā kuà le.

〇〇が出てなければ絶対このドラマを見なかった……
シナリオがだめだ。

第 三 章

S N S 関 連 、 ジ ャ ン ル 別 用 語

王者の○○ ※○○は人名

○皇 [○huáng]

ソシャゲ発の言葉。元々ソシャゲでガチャ運が良い人を「欧洲人（ヨーロッパ人）」と呼び、次第に運が良く無敵な人を「欧皇」（「欧洲皇室の略」）と呼ぶように。「○皇（王者の○○）」はその派生で、実力が優れたプレイヤーを指す。アイドル界隈だと「サバ番で内定した練習生」「事務所にゴリ押しされた新人」を指すことが多いが、推しを褒める時にも使える。

例文

○皇太帅了! 气场两米八!
○huáng tài shuài le! Qìchǎng liǎng mǐ bā!

王者・○○はかっこよすぎ！　オーラが天まで届く！

ガチャ

抽卡 [chōu kǎ]

日本語の「ガチャ」には「ガチャポン」「（ソシャゲの）ガチャ」の意味があるが、中国語では前者は「扭蛋 [niǔdàn]」、後者は「抽卡」。ソシャゲ内のイベントガチャは「卡池 [kǎchí]」と言う。よく見かける表現に「新卡池（新ガチャ）」「限定卡池（限定ガチャ）」がある。ソシャゲは中国でも人気で、「SSR（レア度）」「○连（○連）」「保底（天井）」などのガチャ用語の認知度は高い。

例文

抽卡破防了, 注定跟老婆无缘…100抽连保底都歪了。
Chōu kǎ pò fáng le, zhùdìng gēn lǎopo wúyuán…yìbǎi chōu lián bǎodǐ dōu wāi le.

ガチャ大爆死でしんどい、嫁に縁がない…100連でもすり抜けた。

COLUMN
六

「熱捜」至上主義
——トレンド入りがすべて

　第一章のコラム（p. 41）では中国の推し活に不可欠なSNSを
いくつか紹介した。その人の好みによってメインで使うSNSは
異なり、各SNSの得意・不得意もあると思うが、微博（Weibo）
は中国版Twitterという位置付けでありながらも、推し活に特
化したサービスを提供している。情報の公共性や話題性にも優
れているため、「推し活の最前線」と言っても過言ではない。
そのためか微博の「トレンド」にあたる「熱捜 [rèsōu]」は、フ
ァンにとっては常に"兵家必争の地"だ。

「熱捜」至上主義に至るまでのファンの模索の道

　熱捜がなぜそこまで重要かと言うと、微博で検索をしようと
すると、必ず検索画面や予測検索に出てくるので、無視するほ
うが難しいからだ。その仕様はファンからすると、たくさんの
人に推しを布教するための絶好のチャンスである。そして、「熱
捜に入る＝話題になった」であり、ファンや一般ユーザーのみ

ならず、クライアントや企業にとっても、「いかに話題作りができる存在なのか」という推しの商業価値がわかる客観的な基準になっている。

　2009年にサービスを始めた微博は、翌年には熱搜をリリースしている。従来、アイドルを含む有名人の影響力を微博で判断するには「フォロワー数」が唯一絶対的な基準であったが、フォロワーが数千万人を超えてくると、そこからは誤差にすぎず、影響力が出にくくなっていった。さらにフォロワーの水増しという"商売"も横行し、フォロワーがたくさんいるにもかかわらずコメント数やリツイート数は少ない、いわゆる"インフルエンサー"が急増していき、有名人の人気や影響力はますますフォロワー数からは正確に判断できなくなっていった。

　そんな中、二つの象徴的な出来事が起きる。一つは2014年、大人気K-POPグループ・EXOの元メンバー鹿晗（ルー・ハン）が中国へ帰国した時のことだ。芸能活動を中国国内にシフトした彼の投稿に、ファンから1300万を超えるコメントが殺到し、微博最多コメント数としてギネス世界記録を樹立した。さらに翌年、国産ボーイズグループTFBOYSのリーダー・王俊凱（ワン・ジュンカイ）の15歳の誕生日投稿が4200万回以上再投稿され、微博最多再投稿数のギネス記録を獲得した（微博の再投稿は、Twitterの引用投稿に近く、何度でもできる）。これらは一般ニュースとして大々的に報道され、大きな話題を呼んだ。フォロワー数よりもリツイート数や再投稿数など、SNS上の「互動（双方向コミュニケーション）」こそがアクティブファンの実態を判断できる重要な基準であることを証明したのだ。

　これら記録の達成を受け、推しの投稿にひたすらコメントしたり、リツイートしたりすることが、推しの利益に繋がると考え実行するファンが増えた。しかし、「upupup」などの重複する文字列や絵文字のみの単純な投稿だとシステムによってスパ

ムだと判断され、アカウントがBANされるリスクがある。ファ
ンは、コメント数・リツイート数を稼ぐという"工作"が露骨に
見えないように、韻を踏んだり、ギャグを仕込んだり、はたま
た絵文字でデコったりして、推しを褒める言葉遊びを一定の文
字量で投稿するというテンプレートを編み出した。このような
投稿は一見内容がありそうだが、実際は情報が無いに等しくて
考える必要がないため、量産が可能となる。ファン個人で考え
てもよいし、后援会の「文案」と呼ばれる文字を得意とした専
門部隊が考案し、シェアするパターンも多い。しかしながら、
このように人海戦術でコメントやリツイートを増やしても、内
輪での盛り上がりに留まってしまい、上記のようなニュースに
ならない限り、一般層にはなかなか届かない。そこで、ファン
たちが目をつけたのが「热搜（トレンド）」に入ることだった。
高度に組織化されたファンたちは、推しの出演番組の放送や情
報解禁のタイミングに一斉投稿をして、推しの「加热度（人気
度を上げる）」を行うようになった。

　2018年頃ファンビジネスに注力し始めた微博は、アイドル
のアカウント開設を推奨し、推し活に便利な機能を実装した。
その一つが「アイドルの人気ランキング機能」で、課金意欲の
高いファンや活動的なファンなど、あらゆるファンのSNS活動
が数値化されて推しのランキングに反映され、高ければ高いほ
ど、アイドル本人の商業価値が高いと見なされた。これらはフ
ァンのトレンド入り、コメント数・リツイート数に対する固執
を一層招き、推しの影響力が数値化された実績は「数据（データ）」
と言われ、中華推し活の重要な要素となったのだ。

独特で面白い
言い回し

中国語には、アイドル・オタク文化とともに、
日本や韓国から輸入された語彙がたくさんあります！
他にもChinglish（"中"製英語）や一般語にまでなったミーム、
そして暗号のような面白い言葉たちをご紹介！

韓国由来（K-POP）

355

お姉さん

（韓国語「언니（オンニ）」から）

恩尼（妮）[ēnní]　欧尼（妮）[ōuní]

例文

恩尼介绍的秋冬日常搭配，赶快学起来!
Ēnní jièshào de qiūdōng rìcháng dāpèi, gánkuài xuéqǐlai!

オンニがvlogで紹介していた秋冬のOOTDを早速真似しよう。

356

お兄さん

（韓国語「오빠（オッパ）」から）

欧巴 [ōubā]

例文

他就是小说里走出来的男主，韩剧跑出来的欧巴。
Tā jiùshì xiǎoshuō li zǒuchūlai de nánzhǔ, hánjù pǎochūlai de ōubā.

彼はまるで小説の中から出てきた主人公、
韓流ドラマから出てきたオッパだ。

うちら(の)

wuli 物理 [wùlǐ] 屋里 [wūlǐ]

韓国語の「私達（우리：ウリ）」から。元々K-POPファンだけに使われていたが、2015年前後に一般的にも知られる。「wuli○○」の形で「うちの○○」「○○びいき」を表す。きっかけは元EXOの黄子韜のアンチとファンによるSNS上の争いで、当時ファンが黄子韜を「wuli韜韜」と呼んでいたことを、アンチも面白がって皮肉のつもりで真似してネット上で広まった。

例文

永远支持为梦想奋斗的wuli宝!
Yǒngyuǎn zhīchí wèi mèngxiǎng fèndòu de wuli bǎo!

夢を追いかけるうちの子をこの先もずっと応援する!

第12章

アイドル

爱豆 [àidòu]

英語「idol」の当て字。日本語読みの当て字「爱抖露 [àidǒulù]」もあったが使用頻度は少し劣る。中国でのアイドルの呼び方は元々「偶像」だけだったが、その後日韓のアイドル文化の影響を受け、「爱豆」が徐々に浸透。呼び方からも、かつては崇拝する偶像だったアイドルが身近な存在になりつつあるのが感じ取れる。

例文

你是我最好的，最后的爱豆。
Nǐ shì wǒ zuìhǎo de, zuìhòu de àidòu.

あなたは私にとって最高で最後のアイドルだ。

練習生

练习生 [liànxíshēng]

元々K-POPファンに馴染み深い言葉だったが、『PRODUCE』シリーズの大ヒットにより広く知られるように。また、中国の芸能事務所はデビュー前の自社の新人に対しても「练习生」という呼び方を採用している。一方、日本のAKB系が好きなアイドルオタクやジャニーズオタクは、日本語本来の呼び方「研究生」「jr」を使う傾向がある。

例文

他当了八年的**练习生**这次终于成功出道了。
Tā dāngle bā nián de liànxíshēng zhè cì zhōngyú chénggōng chūdào le.

彼は8年間の**練習生**期間を経て、ようやくデビューを摑んだ。

（グループで）一番人気のメンバー

top

「top」は英語の意味通り、「グループで一番人気のメンバー」を指す。対義語は「back」で、「人気最下位メンバー」を指す。topを巡る争いはファンの間では日常茶飯事で、公式もわざわざ人気ランキングを発表しないので、ファンは推しがtopだと言い張る。よくある表現には「大top [dà top] (絶対的トップ)」や「断层top [duàncéng top] (断然トップ)」がある。

例文

我儿子就是内⌒顔値top！ 不接受反驳！
Wǒ érzi jiùshì nèiyú yánzhí top! Bù jiēshòu fǎnbó!

うちの子は大陸エンタメ界で顔面偏差値トップだ！
異議は認めない！

〇〇年生まれ

〇〇line

韓国芸能界でよく使われる「라인 (ライン)」から。「93line (93年生まれ)」のように、同じ年のアイドルを一括りにする。他にも「兔年line (兎年生まれ)」「済州line (チェジュ出身)」など共通点さえあれば基本括れて、どれも中国ファンにも馴染み深い表現。中国本土の芸能人に対しては1年刻みで呼ぶ習慣はあまり無く、「95后 (95〜99年生)」「00后 (00〜09年生)」が一般的。

例文

即使大家分道扬镳了也要前程似锦啊，哎我的06line…意难平。
Jíshǐ dàjiā fēndào yángbiāo le yě yào qiánchéng sìjǐn a, āi wǒ de líng liù line…yì nán píng.

みんなバラバラになっても輝かしい未来がありますように!
嗚呼、我らの06ライン…納得いかない。

イチオシ (を選ぶ)

pick

「イチオシ」または「イチオシを選ぶ」という意味で、前述したサバ番の大ヒットをきっかけに広く知られるようになった。一般的にも使う表現で、pick対象はアイドルに限らず人でも物でも問題ない。基本名詞か動詞として使われ、名詞の場合「one pick」「我的pick (私のイチオシ)」がよく使われる。動詞として使う際には、「pick〇〇」の形で「〇〇を選ぶ」を表す。

例文

纠结了一天pick哪个颜色，最后还是凹了。
Jiūjiéle yì tiān pick nǎge yánsè, zuìhòu háishì āo le.

どんなカラーにしようかと散々迷ったけど、結局全部買っちゃった。

恋人いない歴=年齢

母胎solo [mǔtāi solo]

韓国芸能界でよく使う「모태솔로（母胎ソロ）」がそのまま中国語になった表現で、「母胎单身 [mǔtāi dānshēn]（母胎からずっと独身）」とも言う。日本では『愛の不時着』のヒットで知られた。韓国では男性に使われることが多いが、中国だと女性ファンが主に使っている印象。独身を自虐した言い方はネット上に多くあり、他に「单身狗 [dānshēngǒu]（独身の犬）」がある。

例文

愿意用我单身十年换我CP合体，反正一直都是母胎solo，
Yuànyì yòng wǒ dānshēn shí nián huàn wǒ CP hétǐ, fǎnzhèng yìzhí dōu shì mǔtāi solo,

再单个十年也没问题。
zài dān ge shí nián yě méi wèntí.

自分の向こう10年の独り身と推しカプの共演を引き換えたい。
恋人いない歴=年齢だし、この先10年ひとりぼっちでも全然大したことない。

表情作り

表情管理 [biǎoqíng guǎnlǐ]

韓国芸能界でよく使われる「표정관리（表情管理）」がそのまま中国語になった表現で、「カメラが回っている時の表情作り」を指す。表情作りが上手い人に対しては形容詞「绝」や「好绝」を使う。「加强表情管理（表情作りを強化）」や「表情管理在线（ちゃんと表情作りしている）」のように「管理（管理）」に接続できる言葉とよく組み合わされる。

例文

今日表情管理0分，○○不要忘记你爱豆的身份啊！
Jīnrì biǎoqíng guǎnlǐ líng fēn, ○○ búyào wàngjì nǐ àidòu de shēnfèn a!

○○の今日の表情作りは0点、
自分がアイドルだってこと忘れないで！

花道だけを歩こう

只走花路 [zhǐ zǒu huālù]

K-POPでよく使われる「꽃길만 걷자 (花道だけを歩こう)」がそのまま中国語になった表現で、「走花路」とも言う。本家と同じく「これからは良いことだけ起こりますように」と推しに祈る際に使う。よく見る表現には「推しと一緒に花道を歩きたい」を表す「陪○○走花路」「一起走花路」があり、推しとこの先も寄り添いたい気持ちが読み取れる。

例文

又是一年生日, 祝愿○○以后只走花路吧!
Yòu shì yì nián shēngrì, zhùyuàn ○○ yǐhòu zhǐ zǒu huālù ba!

....

○○誕生日おめでとう! これからも花道だけを歩こう!

カムバック、新譜リリース

回归 [huíguī]

K-POPの「컴백 (カムバック)」がそのまま中国語になり「新譜リリースと一連のプロモーション」を指す。「回归」は元々中国語にもあり、「○○が帰ってきた」の意味。SNSでよく見かける「失踪人口回归 (失踪した人が帰ってきた)」は「長い間投稿が途切れていたが、突然帰ってきて活動を再開した」ことを指し、アイドル以外にも好きなうp主やブロガーにも使える。

例文

○○以solo歌手的新面貌重新回归,
○○ yǐ solo gēshǒu de xīnmiànmào chóngxīn huíguī,
主打说唱的迷你专辑将于本周上线。
zhǔdǎ shuōchàng de mínǐ zhuānjí jiāng yú běn zhōu shàngxiàn.

....

○○はソロ歌手という新しい姿でカムバックし、
ラップを打ち出したミニアルバムが今週リリースされる。

安心して聴ける歌手 [韓国語「믿고 듣는」(信じて聴く)の略]

信听 [xìn tīng]

例文

信听○○让人好安心。
Xìn tīng ○○ ràng rén hǎo ānxīn.

○○は実家のような**安心感**で聴ける。

最年少、末っ子 [韓国語「막내(マンネ)」から]

忙内 [mángnèi]　老幺 [lǎo yāo] ☆韓国語由来ではないが同義の中国語

例文

跟哥哥们在一起就会显得特别忙内，不愧是团宠。
Gēn gēgemen zài yìqǐ jiù huì xiǎnde tèbié mángnèi, búkuì shì tuánchǒng.

ヒョンたちと一緒だと余計**末っ子**に見える。
さすがみんなに可愛がられるグループのマスコットだね。

頑張ろう！ [韓国語「화이팅(ファイティン)」から]

怀挺 [huáitǐng]

例文

明天舞台怀挺!
Míngtiān wǔtái huáitǐng!

明日の舞台**頑張ろう**！

日本由来
（アニメ・マンガ）

370

くん／ちゃん／さん／さま

......

君 [jūn] ／ 酱 [jiàng] ／ 桑 [sāng] ／ 样 [yàng]

例文

这个视频还是生肉！召唤野生翻译君！
Zhège shìpín háishì shēngròu! Zhàohuàn yěshēng fānyì jūn!

......

この動画はまだ翻訳されてない！
野生の字幕職人くんを召喚したい！

371

番組

......

番组 [fānzǔ]　番剧 [fānjù]

例文

我担快出来上番组！失踪人口什么时候才能回归！
Wǒdān kuài chūlái shang fānzǔ! Shīzōng rénkǒu shénme shíhou cái néng huíguī!

......

推しにはよ番組出演してほしい！　いつまで雲隠れするつもりだ！

第 ◆ 章

独特で面白い言い回し

111

アニメ・マンガ

动漫 [dòngmàn]

「动画（アニメ）」と「漫画（マンガ）」の略。一般的に使われているが、異なるジャンルを一緒くたにしているためオタクには悪名高い。ここ数年、国産アニメのクオリティが向上し人気も上昇中のため、日本アニメと区別するために「国漫 [guómàn]（国産アニメ・マンガ）」という呼称が採用されているが、これも結局どちらを指しているか曖昧なため評判は悪い。

例文

最近比起日本**动漫**，在b站国漫好像风更大。
Zuìjìn bǐ qǐ rìběn dòngmàn, zài bzhàn guómàn hǎoxiàng fēng gèng dà.

最近ビリ動では、
日本のアニメやマンガより中国産のほうが話題らしい。

2.5次元

2.5次元 [èr diǎn wǔ cìyuán]

元々、「声優界隈」を指す言葉だったが、ここ数年二次元コンテンツを現実に没入させる企画が増えており、「2.5次元」が指す範囲はかなり広まっている。アニメやマンガなどを原案とした舞台や、『ラブライブ！』のようにキャラと声優が強い関係性を持つコンテンツ、YouTuber界隈すらも「2.5次元」と呼ぶ人がいるため、文脈で判断すること。

例文

本来以为是同好，结果发现我们萌的不是同一个**2.5次元**😂。
Běnlái yǐwéi shì tónghào, jiéguǒ fāxiàn wǒmen méng de búshì tóng yí ge èr diǎn wǔ cìyuán.

同じく2.5次元萌えの仲間かと思ったら、全然違うジャンルだった😂。

同人女

同人女 [tóngrénnǚ]　铜仁女 [tóngrénnǚ]

日本語の「同人女」から。伏字の「铜仁女」表記も最近増えている。個人
的な感覚だが、ひと昔前は同人女＝腐女子の認識が根強く、女性オタク・
同人創作を行う女性ファンはとりあえず「腐女 [fǔnǚ]」と呼ぶ風潮があっ
たが、近年メディアの報道によって「腐女」への偏見が増え、腐女子も一
枚岩でないため、「同人女」の自称が復活したと考えられる。

例文

年末了，圣诞节元旦新年，
Niánmòle, ShèngdànJié yuándàn xīnnián,

本杂食铜仁女吃到了好多饭，感谢各位太太款待☺。
běn záshí tóngrénnǚ chīdàole hǎoduō fàn, gǎnxiè gè wèi tàitai kuāndài.

年末だ、クリスマスに元旦に新年だと続き、雑食同人女はいろいろと
摂取できました。作者さま本当にごちそうさまでした☺。

ドS／音MAD

鬼畜 [guǐchù]

中国SNSでの「鬼畜」は性的なニュアンスや残虐性はだいぶ薄まっている。
多くの場合「ドSっぽい」または「音MAD及びその技法」を指す。後者は
音MADが中国に輸入された際に、タイトルにあった鬼畜がそのままジャ
ンル名として定着したため。音MADはビリ動内に「鬼畜」というカテゴ
リーがあるほど若者に人気で、アイドルもよく素材にされる。

例文

明明是原版怎么有种自带鬼畜的感觉！
Míngmíng shì yuánbǎn zěnme yǒu zhǒng zì dài guǐchù de gǎnjué!

オリジナルなのにこの拭えない音MADっぽさはなんだ！

熱血、少年っぽい

中二 [zhōng'èr]

「中二」は日本の文脈だと「自分には隠された力があると思い込む」「ルールに従わず不良っぽい行動をとる」など少し痛いイメージがあるが、中国のネットでは、「中二」に対して「永遠に少年の心を持ち、周りにバカにされても夢を諦めない熱血的な性格」のイメージのほうが主流。そのため推しを褒める時に「中二少年 [zhōng'èr shàonián]」と言うこともある。

例文

我担就是至今相信梦想的**中二少年**一枚吖。
Wǒdān jiùshì zhìjīn xiāngxìn mèngxiǎng de zhōng'èr shàonián yī méi yā.

推しは今でも夢を信じ続ける**中二少年**だ。

聖地巡礼

圣地巡礼 [shèngdì xúnlǐ]

前述（p. 78）の「打卡」と似ており、「推しとゆかりある場所への訪問」の意味で使いたいのであれば、大体の場合は置換可能。強いて言うなら「圣地巡礼」は広範囲なのに対して、「打卡」はピンポイントを指す印象。炎上時、震源地となる投稿をわざわざ見に行き、聖地巡礼とリプライする野次馬がいるが、中国語ではこれを「〇〇观光团（〇〇ツアー御一行）」と言う。

例文

镰仓（KAMAKURA）**圣地巡礼**，终于打卡了《灌篮高手》op的取景地。
Liáncāng (KAMAKURA) shèngdì xúnlǐ, zhōngyú dǎ kǎle《guànlán gāoshǒu》op de qǔjǐngdì.

聖地巡礼@鎌倉、
やっと『スラムダンク』オープニングのスポットに行けた。

踊ってみた

宅舞 [zháiwǔ]

例文

宅舞以前是二次元宅男的天下，现在国风的男up也多起来了。
Zháiwǔ yǐqián shì èrcìyuán zháinán de tiānxià, xiànzài guófēng de nánup yě duōqǐlai le.

踊ってみたは昔から二次元オタク向けだったが、
最近は中国古典舞踊を踊る男性うp主も増えてきた。

歌ってみた／歌い手

唱见 [chàngjiàn]

例文

这个手书做得好棒！画风好看，唱见的声线也好搭！
Zhège shǒushū zuò de hǎobàng! Huàfēng hǎokàn, chàngjiàn de shēngxiàn yě háo dā!

この手書きMADはすごい！
絵柄は良いし、歌い手の声も合ってる！

第

四

章

ボカロ

V家 [V jiā]　术力口 [shùlìkǒu]

例文

最近追的动画op风格非常V家，一查果然作曲是V家人。
Zuìjìn zhuī de dònghuà op fēnggé fēicháng V jiā, yì chá guǒrán zuòqǔ shì V jiārén.

最近追っかけてるアニメのオープニングが
ボカロぽいなと思って調べたら、やっぱり作曲家がボカロP！

独特で面白い言い回し

181

ツンデレ

傲娇 [àojiāo]

日本のツンデレキャラブームによってオタクを中心に広がり、当て字「蹭得累 [cèngdélèi]」も使われる。アイドル業界においては、ツンデレの定義通りよりもクールな態度や照れ隠しの表情に対して使う。萌属性を表す言葉はカジュアルに使われがちで、例えば「病娇（ヤンデレ）」は「病み」の部分がかなり美化され、単に「愛が深い」の意で使われる。

例文

隔着屏幕都能感受到○○的**傲娇**，小表情太可爱啦。
Gézhe píngmù dōu néng gǎnshòudào ○○ de àojiāo, xiǎobiǎoqíng tài kě'ài la.

モニター越しでも○○の**ツンデレ**を感じている、
表情がかわいすぎる。

おもしれー女

有趣的女人 [yǒuqù de nǚrén]

日本語の「おもしれー女」から。中国で広がったきっかけは、2019年放送のアニメ『女子高生の無駄づかい』。主人公の"バカ"は運命的な出会いをしたいと少女漫画あるあるを妄想しては、必ず男性から「おもしれー女」と言われて毎話完結する。〈TikTok〉発の言葉「搞笑女 [gǎoxiàonǚ]（面白い女性）」はニュアンス的に似ているが、自称が多い。

例文

我宝明明可以靠颜值吃饭非得走搞笑路线，真是**有趣的女人**。
Wǒbǎo míngmíng kěyǐ kào yánzhí chīfàn fēiděi zǒu gǎoxiào lùxiàn, zhēnshi yǒuqù de nǚrén.

うちの子は顔で食べていけるのにギャグ路線に突っ走ってて、
ほんと**おもしれー女**。

本命

本命 [běnmìng]

例文

我的两个大**本命**同框啦，双厨狂喜！

Wǒ de liǎng ge dàběnmìng tóngkuāng la, shuāngchú kuángxǐ!

本命の二人が共演している、掛け持ちオタク狂喜！

王道

王道 [wángdào]

例文

演员就是要靠演技说话，有破圈的作品才是**王道**。

Yǎnyuán jiùshì yào kào yǎnjì shuōhuà, yǒu pò quān de zuòpǐn cái shì wángdào.

俳優は演技力がすべてを物語る、
バズる作品があってこそ**王道**だろうが。

第 四 章

御三家

御三家 [yùsānjiā]

例文

四期生好牛，两个**御三家**，三个top16，流石黄金四期。

Sì qī shēng hǎo niú, liǎng ge yùsānjiā, sān ge top shíliù, liúshí huángjīn sì qī.

四期生すごい。**御三家**に2人、トップ16に3人、さすが黄金の四期。

独 特 で 面 白 い 言 い 回 し

ツッコむ、ケチをつける、愚痴る

吐槽 [tǔcáo]

「吐槽」は閩南語から借用したと言われる。「吐槽」の概念はアニメやマンガのツッコミキャラによって普及し、オタク中心に使われていたが、バラエティ番組によって近年一般に広まった。話し言葉では「相手を冗談っぽくからかう」「愚痴る」を表す。ここ2、3年、日本の漫才は新しいコメディ形式として中国で人気が出始め、漫才のツッコミも「吐槽」とされる。

例文

和闺蜜一起吐槽甲方，已经成为每次周末见面的固定曲目了。
Hé guīmì yìqǐ tǔcáo jiǎfāng, yǐjīng chéngwéi měi cì zhōumò jiànmiàn de gùdìng qǔmù le.

親友と一緒にクライアントの愚痴を言うのも、
毎週会う際のルーティンとなった。

地雷、苦手なもの

雷 [léi]

「雷」は「地雷」の略で「苦手な表現」を指す。日本のオタク用語が由来で、中国ネット上では2000年代初頭から使用されている。日本と異なるのは動詞としても名詞としても使えて、「雷○○」の形で「○○表現が苦手」と表せる。「地雷要素から自衛すること」を意味する「避雷 [bìléi]」は新しめの表現で、公式や同人、人に対してまんべんなく使える。

例文

写了一个AB向短篇，内有性转和AU设定，请自行避雷。
Xiěle yí ge AB xiàng duǎnpiān, nèi yǒu xìngzhuǎn hé AU shèdìng, qǐng zìxíng bìléi.

A×B向けの短編小説を書きました。
女体化とパラレル要素があるので苦手な方は自衛ください。

言葉と気持ちが一致していない

口嫌体正直 [kǒu xián tǐ zhèng zhí]

「口では嫌だと言っても体は正直だな」をそのまま中国語にした表現。日本ではエロ同人などでしか見かけない表現だが、中国へ輸入後、「言葉と気持ちが一致していない行為や人」に対して使う一般的な慣用語に。日本は一般向け・成人向けのゾーニングが比較的しっかりされているが、これらがネット経由で中国に伝わる際、マニアックな出典元でも一般化される。

例文

明明决定已经再也不抽卡了，看到新卡池还是忍不住氪金…
Míngmíng juédìng yǐjīng zài yě bù chōukǎ le, kàndào xīnkǎchí háishi rěnbúzhù kè jīn…

口嫌体正直啊!
kǒu xián tǐ zhèng zhí a!

もう二度とソシャゲはやらないと決めたのに、
新ガチャを見たら我慢できず課金を…体は正直なものだ！

空気が読めない

ky

日本語の「空気が読めない」がネット経由で中国にも広がった。中国のネットにおける使い方としては、「空気が読めない人」を指すパターンと「空気が読めない鈍感さ」を指すパターンの2つがある。例文は前者で、後者はよく「太ky了 [tài ky le]」「很ky [hěn ky]」などの形で用いる。「太」や「很」はいずれも副詞で、形容詞や動詞を修飾する役割を持つ。

例文

明明打的是AB的CPtag，为什么还有ky来挑事评论AC更配。
Míngmíng dǎ de shì AB de CPtag, wèi shénme hái yǒu ky lái tiāo shì pínglùn AC gèng pèi.

A×Bのカプタグを付けたのに、なんでA×Cのほうが
もっと似合うのにってkyな人がコメントしてくるの。

謎だし迷惑

迷惑 [míhuò]

「戸惑う」を表し、日本語の「迷惑をかける」の意味では本来は用いないが、日本の影響で現にネット上では中国語・日本語両方の意味が含まれる。例えば「迷惑行为 [míhuò xíngwéi] (迷惑行為)」は「なぜそうするのか全く謎で、周りに迷惑をかける行為」を指し、これらの行為をまとめた投稿は、日本の「コスメ大賞」から影響を受け「迷惑行为大赏」と呼ばれる。

例文

公司的这波操作也真是让人**迷惑**。
Gōngsī de zhè bō cāozuò yě zhēnshi ràng rén míhuò.

事務所の対応は本当に**謎だし迷惑**だと思う。

一般人、素人

素人 [sùrén]

日本語の「素人」をそのまま中国語にした言葉。元々 AV 好きの男性が知る言葉だったが、近年のサバ番の影響で女性ファンもよく使うように。通常、事務所に属さない芸能経験が全くない練習生に対して使う。インフルエンサーもこの分類に入る。芸能人の結婚報道に出てくる「一般男性／女性」の中国語は「素人」でも、そのまま漢字で呼んでも問題ない。

例文

第一次 zqsg 追选秀，
Dì yī cì zhēnqíng shígǎn zhuī xuǎnxiù,

可我 pick 的**素人**选手最终还是回归**素人**。
kě wǒ pick de sùrén xuǎnshǒu zuìzhōng háishì huíguī sùrén.

初めて真面目にサバ番を追っかけてたのに、
私が pick した**素人**練習生は結局**一般人**に戻った。

Chinglish
("中"製英語)

392

○○中

○○ing

例文

恭喜宝宝荣获2022年度最受欢迎爱豆的称号，
Gōngxǐ bǎobao rónghuò èr líng èr èr niándù zuì shòu huānyíng àidòu de chēnghào,

妈妈骄傲ing。
māma jiāo'ào ing.

うちの子、2022年度最人気アイドル賞受賞おめでとうございます！
ファンとして**鼻が高い**！

393

○○の人

○○er

例文

今天跟Coser的朋友一起去同人展，一直忙着帮她拍照。
Jīntiān gēn Coser de péngyou yìqǐ qù tóngrénzhǎn, yìzhí mángzhe bāng tā pāizhào.

今日は**レイヤー**の友達と一緒にイベントに行ったんだけど、
彼女の写真撮影で大忙しだった。

第 四 章

独特で面白い言い回し

キープし続ける、耐えられる

hold住 [hold zhù]

「hold住」は2011年頃から流行った流行語。きっかけは台湾出身のタレント謝依霖がバラエティ『大学生了没』に出演した際、英語と中国語が混ざった芸風で「全場我hold住（私が場を制覇する）」と発言した動画がバズり定着。ファンの間では、「推しはどんなスタイルでも違和感なく馴染み、どんなスタイルの曲でもうまく表現できる」という意味で使われる。

例文

@〇〇 这次是走帅气路线的贝斯手的九宫格大片！
@〇〇 Zhè cì shì zǒu shuàiqì lùxiàn de bèisīshǒu de jiǔgōnggé dàpiān!
不愧是各种风格都能hold住的美女。
Búkuì shì gè zhǒng fēnggé dōu néng hold zhù de měinǚ.

@〇〇 今回はイケメンベーシストの9枚画アップ！
さすがどんなスタイルにも耐えられる美人だ。

落ち目、人気低迷

糊了 [hú le]

「カメラなどのピントが合わなくて被写体がぼやける」こと。ファンが推しを撮影する際に使う表現で、派生語に「高糊 [gāohú]（めちゃくちゃぼやけた写真）」がある。もう一つの意味は英語の「flop（失敗する）」の発音からで、アイドル界隈では「人気が低迷すること」を指す。いずれも推し活でよく使われる表現で、見かけた際には、文脈をよく確認すること。

例文

人红才是非多，如果哪天没人骂我宝了一定是他糊了。
Rénhóng cái shì fēi duō, rúguǒ nǎtiān méi rén mà wǒbǎole yídìng shì tā hú le.

人気だからアンチも多い。
うちの子が叩かれない日は人気が無くなった日に違いない。

笑いすぎて涙が出た

笑cry [xiào cry]

例文

身份证的证件照太丑藕了，笑cry。
Shēnfènzhèng de zhèngjiànzhào tài chǒu le, xiào cry.

身分証明書の写真がブサイクすぎてわらった。

うぬぼれ、自己陶酔

自high [zì high]

例文

看了原作改编的真人版，
Kànle yuánzuò gǎibiān de zhēnrénbǎn,

感觉完全是面向粉丝的自high作品。
gǎnjué wánquán shì miànxiàng fěnsī de zì high zuòpǐn.

原作アレンジのドラマ版を見たが、
完全に身内に向けた監督の自己陶酔作品だ。

リスペクト、尊敬する

瑞思拜 [ruìsībài]

例文

○○就是我心中的跨界之王，主业这么6，
○○ jiùshì wǒ xīnzhōng de kuà jiè zhī wáng, zhǔ yè zhème liù,

跨界也能玩出新花样，瑞思拜!
kuà jiè yě néng wánchū xīnhuāyàng, ruìsībài!

○○は私の中でキングオブマルチタレント。本業もすごいのに、
他の分野でもアイディアを盛り込んでいて、リスペクト!

行くね、抜けるね

润了 [rùn le]

「润」は英語「run」の当て字で「走る」を表すが、中国のネットでは転職や留学を機に「先進国への移住」を指す。移民関連のノウハウは「润学（移民学）」と言う。国家主席任期制限の撤廃や言論統制の強化により2018年から注目され、ゼロコロナ政策で人々の意向はさらに高まり社会現象に。カジュアルに使う際は「ちょっと抜けるね」「離脱するよ」の意味を表す。

例文

两家粉丝掰头太哈人，润了润了。
Liǎng jiā fěnsī bāitóu tài hā rén, rùn le rùn le.

ファン同士のバトルがこわっ、撤退撤退！

話題に出す、注目させる

cue到 [cue dào] cue

元は英語で「合図、きっかけ」を表すが、ネット用語としては「話題に出す／出された」「指名する／された」を指す。バラエティでよく使われたため流行したと考えられる。派生表現には「别cue我 [Bié cue wǒ（私を巻き込まないで）」「害怕〇〇突然cue我 [Hàipà 〇〇 turán cue wǒ]（〇〇の無茶振りが怖い）」「在忙勿cue [Zài máng wù cue]（忙しいので邪魔しないで）」などがある。

例文

抱走我家〇〇，不要什么事情都cue他好不好！
Bàozǒu wǒ jiā 〇〇, búyào shénme shìqing dōu cue tā hǎobuhǎo!

うちの〇〇を連れて退散だ！
何でもかんでも彼を話題に出すのやめてくれる？

お願い！

ball ball了 [qiú qiú le]

「ball」の中国語は「球」で、「ball ball了」はそのまま訳すと「球球了 [qiú qiú le]」になるが、本当の意味はその発音を取った「求求了 [qiú qiú le]」。つまり人に頼みごとをする際の「お願いだから」というフレーズになる。「求求了」の頭文字をとった「bbl」の表記もよく見かける。

例文

公司ball ball了，给他们请一些专业的声乐演艺老师吧。
Gōngsī qiú qiú le, gěi tāmen qǐng yìxiē zhuānyè de shēngyuè yǎnyì lǎoshī ba.

事務所もうお願いだから、
彼らのためにプロの音楽や演技の先生を雇って！

女友達たち

jms [jiěmèiz]

「jms」は女友達を意味する「姐妹 [jiěmèi]」の略語に、英語の複数表現の「s」を足した言葉で、女性ファン同士がよく使っている。男性同士の場合は、「好兄弟 [hǎoxiōngdì]」の略「hxd」を使っている印象で、これは英語「bro」のようなカジュアルな呼び方にあたる。

例文

深夜emo，跟群里的jms聊天又被治愈了。
Shēnyè emo, gēn qún li de jiěmèiz liáotiān yòu bèi zhìyù le.

深夜にちょっぴり寂しくなって、
グループチャットの**女友達たち**とチャットしたらまた癒された。

わかる、理解する

get到 [get dào]

英語「get it」から。返信の際の「get」は「わかった」の意だが、アイドル関連の表現に使う際には「何かがきっかけで突然悟った」「趣深い」のニュアンスがある。推しの顔を褒める時は、「一目惚れではなく、見ているうちに徐々に良さがわかってきた」を表す。「get了 [get le]」の表現も多く、否定形は「get不到 [get bú dào]」「无法get [wúfǎ get]」。

例文

在《○○》这部剧里我终于get到她的颜值了。
Zài 《○○》 zhè bù jù li wǒ zhōngyú get dào tā de yánzhí le.

ドラマ『○○』でようやく彼女の顔の良さを**理解**した。

○○をジャッジする

ju○○

「ju」は英語の「judge」が由来で、後ろにクラスタ名や特定の人名を接続して、それらを「ジャッジする」という意味を表す。女性ファンがよく使う表現の一つで、単純なジャッジだけでなく、「ディスり合う」「マウンティング」など、やや攻撃的なニュアンスも含まれる。

例文

都是粉丝互相ju来ju去有意思么，专注自家!
Dōu shì fěnsī hùxiāng ju lái ju qù yǒu yìsi me, zhuānzhù zìjiā!

ファン同士なのにジャッジし合って何が楽しいのか、
自分の推しだけに集中して!

(カップリングは)実在する

is rio (real) ／ szd

「is rio」はCP厨がよくSNS上で主張する「○○是真的 [○○ shì zhēn de]」を英語にした表現。○○には推しカプ名が入る。「rio」は「real」の発音に合わせた書き方で、もしくは「是真的」のピンインを省略した「szd」を使っても問題ない。このフレーズはオタクの間で広く使われており、推しカプについては男女CP、BLや百合でも利用可能で、特に制限はない。

例文

不管！就说AB is rio!
Bùguǎn! Jiù shuō AB is rio!

誰が何と言おうがAとBは絶対できている！

びっくりした

吓skr人 [xià sǐ ge rén]

「skr (r/t)」は本来擬音語で、「車のタイヤが地面を摩擦する時の音」を表す。語感が良いので、ラップの中で感嘆詞として使われることが多く、意味は特にない。2018年放送のラップオーディション番組でメンターの呉亦凡が間違えて使用したことからネタとして流行。現在は「死个 [sǐ ge] (死ぬ)」や「是个 [shì ge] (〜は)」の当て字として使われる場合がほとんどである。

例文

○○的演技真是太绝了，变态杀人狂真是吓skr人。
○○ de yǎnjì zhēnshi tài jué le, biàntài shārénkuáng zhēnshi xià sǐ ge rén.

○○の演技力に圧倒される、変態殺人鬼が怖すぎるよ。

容赦なくディスる

疯狂diss [fēngkuáng diss]

「diss」はアイドルファン、またはラップ界隈がよく使う言葉で、日本語の「ディスる」に当てはまる。使い方も同じく動詞「diss○○」の形で用いられることが多い。個人的な感覚だが、ファンの中ではわりと昔から使われてきた表現で、一般にまで浸透してきたのは2018年から放送されたラッパーオーディション番組『中国新说唱』がきっかけだと思われる。

例文

他新歌简直rap之神附身，疯狂diss这个世界太过瘾了。
Tā xīngē jiǎnzhí rap zhī shén fù shēn, fēngkuáng diss zhège shìjiè tài guòyǐn le.

彼の新曲ラップは神がかっている。
世界を容赦なくディスっていて本当に気持ちいい。

うなだれる、言葉にならない

真的栓Q [zhēn de shuānQ]

「栓Q」は英語「thank you」の当て字。TikTok動画発の表記で、英語を独学する、中毒性あるおじさんの発音が2021年から流行り、現在も使われている。「真的栓Q」は一見「本当にありがとう」と感謝を表しているが、実際は嫌味や皮肉が含まれる。同時期に流行した「我真的会谢」も同じく、「言葉を失う」「もううんざりだ」の意味で使われることが多い。

例文

#○○手游# 好久以前预定的台历还没发货，我真的栓Q。
#○○ shǒuyóu# Hǎojiǔ yǐqián yùdìng de táilì hái méi fā huò, wǒ zhēn de shuānQ.

#○○ソシャゲ　結構前に予約したカレンダーなのに
いまだに出荷されていなくて、本当ありがとうな！

クールガイ

酷盖 [kùgài]

英語「cool guy」の音に漢字を当てた言葉で、似た意味の言葉に「酷boy」もある。「酷」は昔から使われ続けているが、例文にある「奶盖」は比較的新しく、元々タピオカミルクティーの上に乗せるミルクフォームを指すが、ファンの間では「幼くて可愛らしい子」のニュアンスで使っている。ここの「奶」はp.89で紹介した「0」の意味と同じである。

例文

他随时可以从**酷盖**秒变到奶盖。
Tā suíshí kěyǐ cóng kùgài miǎobiàn dào nǎigài.

彼はいつでも秒で**クールガイ**からキュートベイビーに変身できる。

ショップ（写真）

烧普 [shāopǔ]

「烧普」は「ショップ」の当て字で、ほぼジャニーズオタクの間でしか使わない表現。そのためショップというのも「ジャニーズショップ」の意味だが、主に「ショップ写真」を指す。よく見かける表現は「纸片烧普 [zhǐpiàn shāopǔ]（オフショット写真）」、「个人烧普 [gèrén shāopǔ]（単独オフショット写真）」などがある。

例文

跨年的**烧普**快来了，不知道这次有限购没。
Kuànián de shāopǔ kuài lái le, bù zhīdào zhè cì yǒu xiàngòu méi.

カウコンの**ショップ**写真がそろそろ来る、枚数制限はあるかな。

第 2 章

独特で面白い言い回し

ミーム・スラング

ミーム

411

meme 迷因 [míyīn]

例文

大家在评论里分享一些喜欢的meme啊!
Dàjiā zài pínglùn li fēnxiǎng yìxiē xǐhuan de meme a!

みんな、コメントで好きな**ミーム**を投稿して!

○○の様子

412

.jpg ／ .gif

例文

老人地铁手机.jpg
Lǎorén dìtiě shǒujī.jpg

おじいさんが電車の中で携帯を見ている**様子**
(「困惑」を表す有名ミーム)

〜にかけてる、上手く言う、流行語

梗 [gěng]

中国伝統芸能「相声」用語の「哏 [gén]」から。日本語の「ギャグ」を表す言葉だったが、ギャグマンガやアニメ内のネタに対しても使うようになり、当て字「捏他 [niētā]」の表記もある。現在の「梗」は「ミームや流行語」そのものを指すことが多い。「有梗 [yǒu gěng]」は「ミームを上手く使っている」または「言動がミームになりそうな面白い人」を指す。

例文

如果没看过这个作者的其他作品，真的get不到这部剧里的梗。
Rúguǒ méi kànguo zhège zuòzhě de qítā zuòpǐn, zhēn de get búdào zhè bù jù lǐ de gěng.

この作者の他の作品を履修しないと、
このドラマの元ネタを理解するのは難しいよ。

野次馬、ゴシップに食いつく

吃瓜 [chī guā]

瓜を食べると書いて、「野次馬、ゴシップに食いつく」を表す。記憶では「瓜」は当初「瓜子（ヒマワリの種）」だったが、今では関連ミームも「西瓜（スイカ）」のイメージが強い。「吃瓜」の対象は芸能ニュースが多いが、時事ネタでもOK。「高みの見物」のニュアンスがあり、争う双方のどちらかに肩入れしてしまうと「吃瓜」ではなく「下场 [xiàchǎng]（試合参加）」となる。

例文

抱着吃瓜心态看了一圈明星八卦新闻。
Bàozhe chī guā xīntài kànle yì quān míngxīng bāguà xīnwén.

野次馬精神でつい芸能人のゴシップ記事を読み漁っちゃった。

おすすめする、欲しくなる、好きな〜

种草 [zhòng cǎo]

「草を植える」と書き、「何らかのきっかけで欲しくなる物」に対して使うコスメオタク発の言葉。「欲しくなる種が蒔かれ、草のようにどんどん生えてくる」イメージから来た表現。入手すると物欲しく無くなることから、「購入すること」を「拔草 [bá cǎo]（草を抜く）」とも言う。同じく布教時に使う「安利」は物・人両方に使えるが、「种草」は具体的な物に使う。

例文

一直以来种草的粉底液，没想到○○代言了。
Yìzhí yǐlái zhòng cǎo de fěndǐyè, méi xiǎngdào ○○ dàiyán le.

ずっと欲しいと思っていたファンデの広告に
まさか○○が起用されるなんて！

プロモーション

恰饭 [qiāfàn]

中国西南地方の方言で、直訳は「ご飯を食べる」だが「生計を立てる」の意味もある。ネットでは「広告収入を得るために提供案件を引き受けること」を指す。プロモーションが含まれる動画は「恰饭视频」。派生表現には「让TA恰 [Ràng tā qiā]」があり、「彼女／彼に提供案件をやらせてくれ」を意味し、好きなｐ主に動画収入が入るよう支持を表明するコメント。

例文

今天的更新又是恰饭视频。
Jīntiān de gēngxīn yòu shì qiāfàn shìpín.

今日更新された動画にはまたプロモーションが含まれている。

情報通

5G冲浪 [wǔ G chōnglàng]

「5G回線を使ってネットサーフィンする」を意味し、「ネット事情に精通して最新トレンドに追いついている人」に使う。対義語は「3G冲浪」で「時代遅れの人」「ネット上の出来事に無関心な人」に使う。「冲浪」は「ネットサーフィン」の意味で、ネットが普及し始めた頃の表現だったが近年復活しつつある。5Gとの組み合わせにギャップがあって面白いからだろう。

例文

他也太有梗了，真是5G冲浪选手。
Tā yě tài yǒu gěng le, zhēnshi wǔ G chōnglàng xuǎnshǒu.

彼は話の引き出しが本当に多い、ネットに詳しすぎるやろ。

内職

摸鱼 [mō yú]

「摸鱼」は一説によると四字熟語「浑水摸鱼 [Húnshuǐ mōyú]（火事場泥棒）」から。「魚を触る」と書いて、ネット上では「内職している」「サボっている」という意味で使われている。筆者個人の感覚だが、「摸鱼」は少なくとも十数年以上ネットで使われている表現で、本当の出典は不明である。

例文

上班摸鱼偷偷给我宝打榜。
Shàngbān mō yú tōutōu gěi wǒbǎo dǎ bǎng.

仕事中に内職して、こっそり推しに投票している。

サボる

划水 [huá shuǐ]

「泳ぐ時の腕で水を掻く動作」を指し、ネットでは「サボる」「油を売る」の意味で使われている。一説ではゲーム《World of Warcraft》で、対戦時に泳ぐフリをして戦わない他力本願な人に使う言葉からだと言われる。パフォーマンスで努力せずサボっているアイドルグループの特定のメンバーに対して、ファンが批判の言葉として使い、近年一般的に知られるように。

例文

这次舞台〇〇全程**划水**，是怎么做到没实力又不努力的。
Zhè cì wǔtái 〇〇 quánchéng huá shuǐ, shì zěnme zuòdào méi shílì yòu bù nǔlì de.

今回のステージ、〇〇は最初から最後までやる気を見せない。
実力も無ければなぜ努力すらもしないの?

ブーメラン

打脸 [dǎ liǎn]

「平手打ちする」「メンツを潰す」を指すが、例文のように「被」無しでも受け身を表せる。元々はネット用語ではないが、SNS時代で逆転劇が増えたことや、バットマンビンタなどいくつかの「打脸」ミームの人気によって流行語に。ファンの間では「アイドル本人や事務所に期待したことが実現されず勝手にがっかりした時」や「公式と解釈違いの時」に使う。

例文

大火CP纷纷官宣结婚，真是cpf的大型**打脸**现场。
Dàhuǒ CP fēnfēn guānxuān jiéhūn, zhēnshi cpf de dàxíng dǎ liǎn xiànchǎng.

人気カップリングがそれぞれ他の人と結婚するとのご報告が…
カプ推しとしては盛大にブーメランを食らった気分…。

人気を換金

変現 [biànxiàn]

「現金（キャッシュ）」に「変換（変換）」するという意味で、アイドルやインフルエンサー界隈でよく使われる表現。中国SNSは大変発達しているが、ネットでの人気をいかに収益化するかには皆頭を悩ませている。芸能仕事がまだ少ない売り出し中の新人アイドルが、ブランドアンバサダーを担当したり、ライブコマースに出演したりするのは「変現」の常套手段だ。

例文

公司只想着**变现**，不想着提升他们的实力。
Gōngsī zhǐ xiǎngzhe biànxiàn, bù xiǎngzhe tíshēng tāmen de shílì.

事務所は彼らの人気を換金してるだけで、
スキル向上には全く力を注がない。

うまっ！

真香 [zhēnxiāng]

「大変美味しい」の意。SNS上では、拒絶から一転して好きになったケースに使う。2014年に放送された、素行が悪い都会出身の若者を農村に送り込んで"改造"するリアリティーショー『変形計』が元ネタで、反抗的な態度を取っていた出演者が、空腹に耐えきれず下宿先でご飯を食べた時のセリフから。2018年にミーム化され、国民的に認知されるように。

例文

以前: 虚拟偶像是什么，皮套人怎么会有人喜欢!
Yǐqián: Xūnǐ ǒuxiàng shì shénme, pítàorén zěnme huì yǒurén xǐhuan!

现在: 嘿嘿嘿**真香**! 姐姐在唱歌，姐姐好美!!
Xiànzài: Hēi hēi hēi zhēnxiāng! Jiějie zài chànggē, jiějie hǎoměi!

Before：VTuberって何？ 誰が皮を被った人間なんぞ好きになるか！
After：ぐへへうまっ！ 推しが歌ってる、なんとも美しい!!

よくやった、さすが

nice

「nice」は中国SNSでよく使われるミームで、年配の男性が唇でポォンと音を鳴らしてから「ナァイス」と発する。元々はYouTube動画で、中毒性ある表情が一気に流行りミーム化。基本相手を褒める際に使い、ミーム通りに「よくやった！」「ナイス」を意味する。個人的な深読みではあるが、小賢しさや、仲間同士で通じ合った的なニュアンスがあると考えている。

例文

看了我推的新剧路透，感觉非常nice!
Kànle wǒtuī de xīnjù lù tòu, gǎnjué fēicháng nice!

推しの新ドラマロケのネタバレ写真を見たが、いい感じ！

把握する

拿捏 [nániē]

「把握・コントロールできている」という意味で、ネットでもそのように使われているが、何かのスキルをマスターできていることやコツを摑んだというニュアンスも読み取れる。アイドル界隈では、「推しがファンの心をしっかり摑んだこと」に対して使う。よくある表現に「被○○拿捏得死死的 [Bèi ○○ nániē de sǐsǐ de]」があり、「推しに心を奪われた」という意味。

例文

她这福利也太精准地拿捏粉丝心态了。
Tā zhè fúlì yě tài jīngzhǔn de nániē fěnsī xīntài le.

彼女のファンサはファンの気持ちを正確に把握した。

奇妙な知識が増えてしまった

奇怪的知识增加了 [qíguài de zhīshi zēngjiā le]

日本発のミーム「MUR猫」を使った二次創作ミームで、宇宙風の背景の中にいるMUR猫にセリフ「奇妙な知識が増えてしまった」が付されている。2019年前後からバズり、どこか可愛げある猫のマヌケ感にハマる人が続出。MUR猫はニコ動で特に人気の淫夢シリーズが元ネタだが、その人気のあまり見事に単独ミームとして扱われている。

例文

每天上网冲浪让我各种奇怪的知识增加了。
Měi tiān shàngwǎng chōnglàng ràng wǒ gè zhǒng qíguài de zhīshi zēngjiā le.

毎日のネットサーフィンのおかげで、いらん知識がいっぱい増えた。

宇宙猫

宇宙猫 [yǔzhòumāo]

「宇宙猫」は英語圏発のミーム「Space cat」の中国語で、理解が追いつかない時や驚いた時に使う。日本語でも「宇宙猫になる」という表現があるが、中国語の場合、p.196で紹介した拡張子の表現を使って「宇宙猫.jpg」と文末に置いたりする。

例文

看到这个剧情发展，本人be like 宇宙猫.jpg
Kàndào zhège jùqíng fāzhǎn, běnrén be like yǔzhòumāo.jpg

このドラマの展開を見てしまった私はまさに宇宙猫状態。

第四章

独特で面白い言い回し

203

やけになる

摆烂 [bǎi làn]

「摆烂」は「諦めモードに入り、消極的な態度を取ること」を指す。ここ1、2年で若者を中心に大変流行した。事態がすでに悪化し、自力ではもはや挽回できないことに対して使う印象だが、最初から「摆烂」しているケースもあるようだ。元々は若者の間で使う自虐的表現だったが、若者が努力しないとメディアが批判したことで物議を醸し、一気に広く知られた。

例文

明天考试已经来不及复习了，打算裸考**摆烂**。
Míngtiān kǎoshì yǐjīng láibují fùxí le, dǎsuàn luǒ kǎo bǎi làn.

テストは明日なのに一夜漬けではどう考えても間に合わない。
もう諦めてぶっつけ本番で行くわ。

何もかもどうでもよい

躺平 [tǎng píng]

「躺平」は「横たわること」だが、ネットでは「努力しない」の意味で使われる。職場や学校の過競争（内卷）の風潮に対抗するための言葉で、「摆烂」同様、メディアが批判的に取り上げて一気に広がった。日本メディアは「寝そべり族」と訳し、中国の政治や経済状況を背景に解説しているが、「躺平」も若者の自虐で、一種のジェネレーションギャップだと考えられる。

例文

社畜每日一问，什么时候可以退休**躺平**。
Shèchù měirì yí wèn, shénme shíhou kěyǐ tuìxiū tǎng píng.

社畜1日1問、いつになったらリタイアして**努力しなくて**済むんだ。

見てわかる表意文字

幾度なく、何度も、また（頻度が高い）

429

又双叒叕 [yòu yòu yòu yòu]

※原音[yòu shuāng ruò zhuó]

例文

他又双叒叕换对象了。
Tā yòu yòu yòu yòu huàn duìxiàng le.

彼はま────た相手を乗り換えた。

第

四

章

くっそーw

430

屮艸芔茻 [cā cā cā cā]

※原音[chè cǎo huì mǎng]、fu*kの伏字

例文

我屮艸芔茻股票又跌了。
Wǒ cā cā cā cā gǔpiào yòu diē le.

くっそー株がまた暴落しちまった。

独特で面白い言い回し

207

頭文字省略

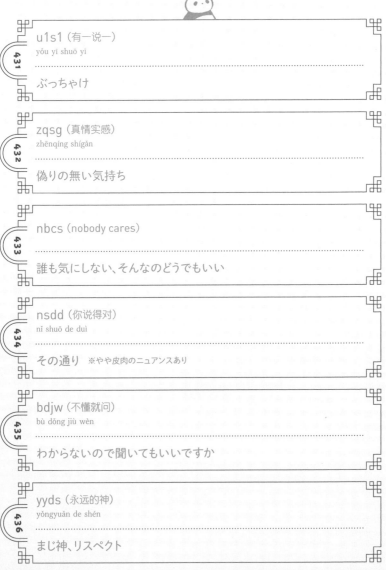

431

u1s1（有一说一）
yǒu yī shuō yī

ぶっちゃけ

432

zqsg（真情实感）
zhēnqíng shígǎn

偽りの無い気持ち

433

nbcs（nobody cares）

誰も気にしない、そんなのどうでもいい

434

nsdd（你说得对）
nǐ shuō de duì

その通り　※やや皮肉のニュアンスあり

435

bdjw（不懂就问）
bù dǒng jiù wèn

わからないので聞いてもいいですか

436

yyds（永远的神）
yǒngyuǎn de shén

まじ神、リスペクト

437

srds（虽然但是）
suīrán dànshì

そうだけども

438

hso（好色哦）
hàosè ò

けしからん

439

xfxy（腥风血雨）
xīngfēngxuèyǔ

殺伐としている

440

jjww（叽叽歪歪）
jījī wāiwāi

ぶつぶつ、ちくちく

441

zzzq（政治正确）
zhèngzhì zhèngquè

ポリコレ棒

442

djll（顶级流量）
dǐngjí liúliàng

トップ人気

443

kswl（嗑死我了）　※「嗑」は違法ドラッグを摂取する際の動詞
kē sǐ wǒ le

（カップリング／アイドルの）中毒性が高すぎる

絵文字

🚬（香烟）
[xiāngyān]

カッコつけて自分とはもう
無関係だとアピールする様子
444

🍵（喝茶）
[hē chá]

警察に職質されること／
炎上劇などを悠々と
鑑賞する様子
445

🐄🍺（牛逼）
[niúbī]

すごい、イケてる
446

🍊（集资）
[jízī]

クラウドファンディング、
共同出資、共同購入
447

🍉（瓜）
[guā]

ゴシップ
448

内🐟（内娱）
[nèiyú]

大陸エンター
テインメント界隈
449

🔒了（锁了）
[suǒ le]

カップル認定
450

🐶（doge／狗头）
[gǒutóu]

煽り、皮肉、冗談
451

数字

452 233（哈哈哈）　※中国の有名掲示板での「笑顔」の絵文字の入力番号から。
hā hā hā

あはは

453 666　※ゲーム用語の「溜［liū］（プレイ操作が滑らか）」から。
liù liù liù

すごい

454 555（呜呜呜）
wū wū wū

ううう

455 818（扒一扒）
bā yī bā

ゴシップを一から説明する

456 520（我爱你）
wǒ ài nǐ

愛してる

457 1314（一生一世）
yìshēng yíshì

一生

当て字

458

针不戳 [zhēn bú chuō]
（真不错 [zhēn bú cuò]）

いいじゃん

459

木有 [mùyǒu]
（没有 [méiyǒu]）

ない、
そんなことない

460

开森 [kāisēn]
（开心 [kāixīn]）

嬉しい、楽しい

461

桑森 [sāngsēn]
（伤心 [shāngxīn]）

悲しい

462

酱紫 [jiàngzǐ]
（这样子 [zhèyàngzi]）

こんなの、
こんな感じ

463

神马 [shénmǎ]
（什么 [shénme]）

どうして、どんな

464

夺笋啊 [duó sǔn a]
（多损啊 [duō sǔn a]）

意地が悪い、
ひどい

465

集美 [jíměi]
（姐妹 [jiěmèi]）

みんな、女友達たち
（仲間・同士への呼びかけ）

COLUMN

七

ひとつ流行れば中国全域、
老若男女が使うミーム

　2021年、中国駐大阪総領事館アカウントが世界情勢に対して「欧米各国は口が嫌だと言っても、体は正直なものだ（原文ママ）」と発言し、Twitterで大きな話題を呼んだ。日本人の感覚からすると、公式アカウント、とりわけ政府の広報が、深夜アニメやエロゲーの中に出てくるセリフを使っているので、不謹慎に感じてしまうかもしれない。「口嫌体正直」は本書でも取り上げた言葉（p. 185）で、中華圏では馴染み深い日本語由来のスラングだ。「思っていることと行動が不一致な様子」に対して、若者だけが使う言葉である。このような事情を踏まえても、行政アカウントがバリバリの若者言葉を使うこと自体、やはり少し不思議に思うかもしれない。

　中国のSNSと日常的に接する筆者からすれば、中国の公式アカウントは若者に媚びるかのように若者言葉を使っていて、領事館アカウントの発言も国内SNSのノリの延長線上にあるのだろう。中国国内での公式アカウントの流行り言葉の誤用は数え切れず、正直間違ったニュアンスで使っていない分まだマシか

COLUMN 七

もしれない。ここで筆者の"コレクション"を一つ紹介しよう。

中国語原文：#○○黒长直 病娇美人#　○○黒长直好绝啊！
眼神又攻又欲，清冷气质爱到无法自拔〜
（※原文から一部削除あり）
日本語意訳：#○○黒髪ロングストレート ヤンデレ美人#
○○の黒髪ロングストレート（ビジュアル）が最高！　攻めて
いるようで誘っている目線、凛とした雰囲気がたまらない〜

　ご覧の通り、日本オタク文化由来の言葉がちらほらある。「黒
长直」は萌え属性の用語で、外見に対して使うのはまだ許され
るかもしれないが、「病娇美人」の訳わからなさは脱力するレ
ベルだ。「又攻又欲」はBL界隈の用語で、性的ニュアンスが昔
に比べて薄くなり、現在は広く使われているものの、公式の宣
伝文句に使うのはやはり軽々しく感じてしまう。このめちゃく
ちゃな投稿をしたのは中国の大手動画配信サイトの公式アカウン
トで、フォロワーは2000万人以上いる。
　このように中国の公式アカウント運営者はとにかく、バリバ
リのネット用語やミームを使う。情報が過剰なSNSでいかに人
の心を摑む情報を発信でき、ファンを増やせるかがアカウント
にとっての課題だ。利用者の多くは若者で（微博に限っていえば、
ユーザーの80％以上が1990年以降生まれ）、彼らに読んでもらうため
には、若者との共通言語を使う必要があると考えられている。
　若者との"共通言語"は言葉に限らず、ここ数年では動画の編
集手法、動画の構成など視覚的な部分にまで拡大した。例えば、
インタビュー動画やバラエティで、エピソードの切り替え時や
「とても時間がかかった」という演出をする際に、『スポンジ・
ボブ』が元ネタのミーム「2000 YEARS LATER（2000年後）」を
挿入する編集手法が最近定着している。元々はYouTube発のミ

ームだったが、インフルエンサーたちが自分の動画の中に取り入れ、ボトムアップ的に広がった。ミームとしての汎用性が非常に高く、元ネタ『スポンジ・ボブ』の認知度もあるため、一般向けバラエティ番組でも採用されるようになったのだ。近年、中国の映像制作業界では、テレビ局よりも動画配信サイトのほうが圧倒的人気で、多くの若者が働き、30代でディレクターとして活躍する人も少なくない。彼らは流行語やミームをアングラ文化というよりも日常的なものとして捉えていて、自身が作るコンテンツも若者向けが多いため、ミームが登場してもあまり違和感が無い。一方、中国に比べて日本はテレビ文化とインターネット文化の"断絶"が大きいと、日本で暮らしていて感じることがある。もちろん日本でも、テレビでネットの話題を取り上げることはあるが、日本のバラエティ番組で自然に「アスキーアート」が出てくることが絶対無いように、そこには何か超えられない"一線"があるように感じた。

　流行語やミームが中国の人々にはあまりにも身近なため、公式アカウントとしての"矜持"を表したい時は、意図的に普段はあまり使わない硬い書き言葉を用い、ポエムのような文体で告知することが多くある。以下は、中国国内の人気アイドルの事務所アカウントがアナウンスした際の投稿例である。

| **中国語原文：** 无惧凛冽，无畏炙热，傲然绽放。〇〇代言人@△△与你一同感受，全新□□系列中■■成分的非凡生命力。
（※原文から一部変更、削除あり） |
| **日本語意訳：** 凛烈にも負けず、灼熱にも負けず、堂々と咲き誇る。〇〇アンバサダー@△△（人名）があなたと一緒に感じる、■■配合□□新シリーズの優れた生命力。 |

この告知から読み取れたのは「アンバサダー就任」の情報のみで、PR商品については、「何かすごい成分が配合されている！」とまではわかるが、ファンが知りたい発売日・購入方法・購入特典については一切記載されておらず、情報を周知する点においては全く実用的でないと言ってよい。実際、不足情報は各後援会とファンの口コミによってこの後、発信・補足される。運営側にとっては、情報が具体的であるほど間違いが起きやすいので、不用意な炎上を回避するために、**情報量ゼロの誰も傷つかないポエム**を投稿したほうが安全だと踏んでいるのだろう。どうせ足りない情報はファンが熱心に補完してくれるからだ。**「公式アカウントをフォローしても情報が入ってこない」**という謎事象は中国SNSのあるあるかもしれない。このような「公式ポエム」は一見流行語やミームとは異なるが、独特な言葉遣いや構文には一定のルール性がある。その影響かSNS上で流行っている**ハッシュタグもポエム形式**になっていることが多く、ミームの語源である「脳内に保存され、他の脳へ複製可能」という特徴を忠実に反映しているのではないかと考える。

　ここまで7本にわたって、各側面から中国の推し活をコラムで紹介したが、いかがだろうか。文化や言語が異なり、最初はとっつきにくいと感じるかもしれないが、通常の中国語学習とはそもそも違う脳みそを使うので、過度に悩む必要は無い。ミームや癖のある文体と触れ合う中華推し活では、実例に多く触れるうちにきっと感覚が研ぎ澄まされていくはずだ。慣れないうちにはテンプレート構文を活用するのが良いかもしれない。それに、「語彙の"無さ"」は日中のオタクに共通する特徴なのだから、オタク構文の受容は高いと信じている。場合によっては情報よりも熱量が大事なので、気軽に中国SNSを始めてください。そして、無理のない範囲で楽しんでいただきたい。

た

な

は

ま

や

はちこ

中国江蘇省出身。「現代中華オタク
文化研究会」サークル主。小学生の
頃、中国語吹き替え版の『キャプテ
ン翼』で日本のアニメを知り、中学
生の頃『ナルト』で同人の沼にドハ
マり。以来、字幕なしでアニメを見
ることを目標に、日本語学科へ進学。
アニメをより深く理解するには日本
の文化や社会の実体験が不可欠だと
考え、2011年来日。名古屋大学大
学院修士課程を修了後、都内勤務。
2017年に頒布した同人誌『中華オ
タク用語辞典』が話題となり、2019
年に文学通信から書籍『中華オタク
用語辞典』として刊行。これまでに
『中華BL用語大事典』など、中華オ
タク関係の同人誌を継続的に執筆。

SNSで学ぶ
推し活はかどる
中国語

2023年4月1日　初版第1刷発行
2023年12月8日　初版第2刷発行

著　　者　**はちこ**

装画・挿画　かりた
装　　帧　PANKEY inc.
Ｄ　Ｔ　Ｐ　濱井信作 (compose)
中国語音声　Liyuu ［P.9〜164］
　　　　　　王英輝 ［P.169〜210］
音 声 編 集　ELEC (一般財団法人 英語教育協議会)
編　　集　仁科えい (朝日出版社)
編 集 協 力　大槻美和、許英花 (朝日出版社)

発 行 者　小川洋一郎
発 行 所　株式会社 朝日出版社
　　　　　〒101 - 0065
　　　　　東京都千代田区西神田3 - 3 - 5
　　　　　電　話　03 - 3263 - 3321
　　　　　ＦＡＸ　03 - 5226 - 9599
　　　　　https://www.asahipress.com/

印刷・製本　図書印刷株式会社